This Book Belongs To:

(1)	GRAY
(2)	GOLDEN YELLOW
(3)	YELLOW
(4)	GREEN
(5)	DARK BLUE
(6)	BLACK
(7)	ORANGE
(8)	RED

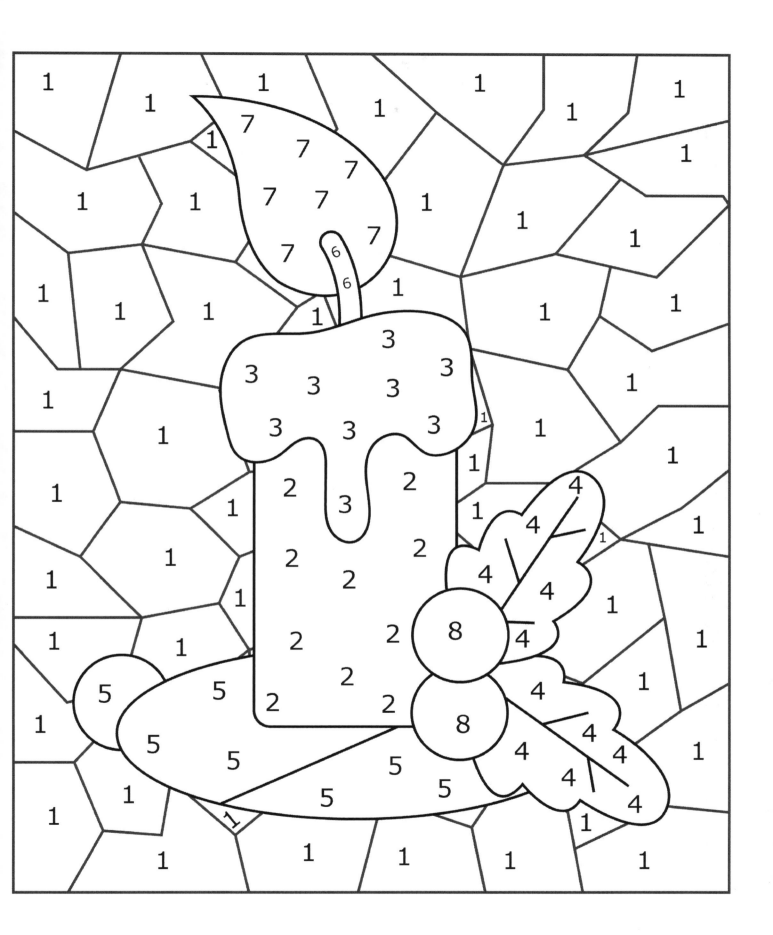

(**1**)　AQUA

(**2**)　GREEN

(**3**)　RED

(**4**)　PINK

(**5**)　ORANGE

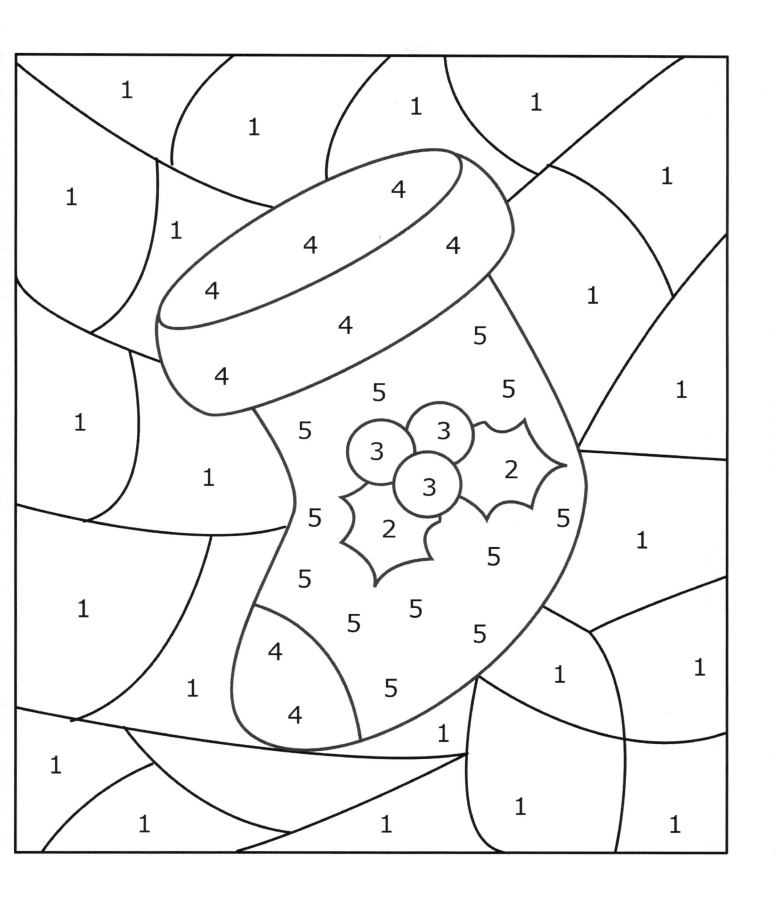

1	ORANGE RED
2	YELLOW
3	AQUA GREEN
4	PINK

1 RED

2 GREEN

3 PINK

4 YELLOW

5 AQUA

1	GREEN
2	ORANGE RED
3	YELLOW
4	BROWN
5	BLUE

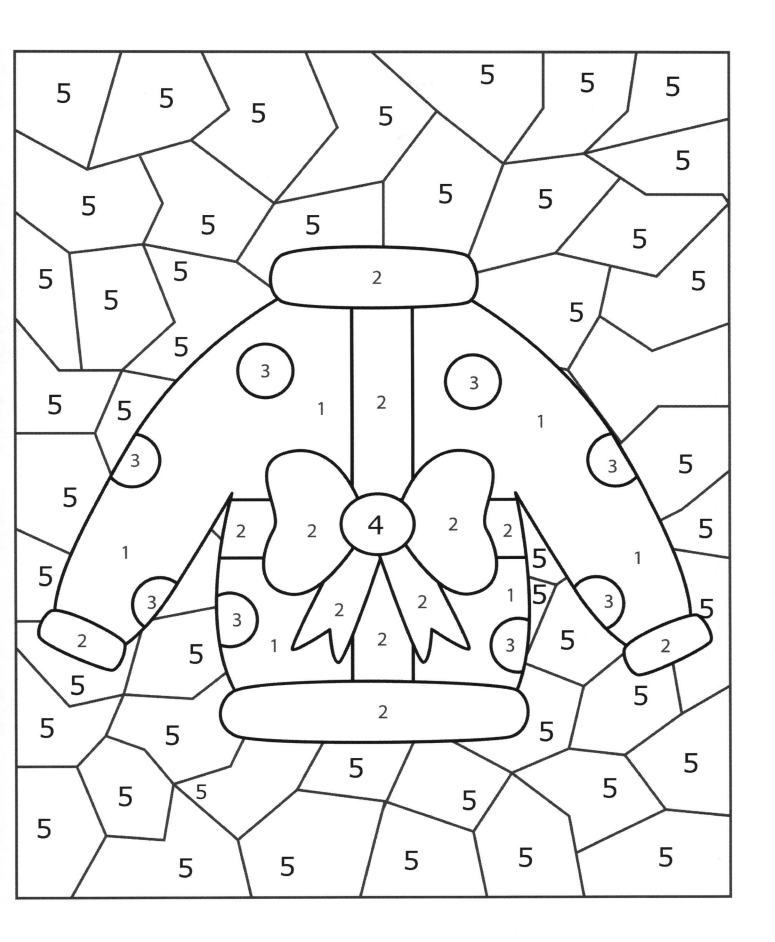

1	GREEN
2	YELLOW
3	RED
4	PINK
5	SUMMER SKY

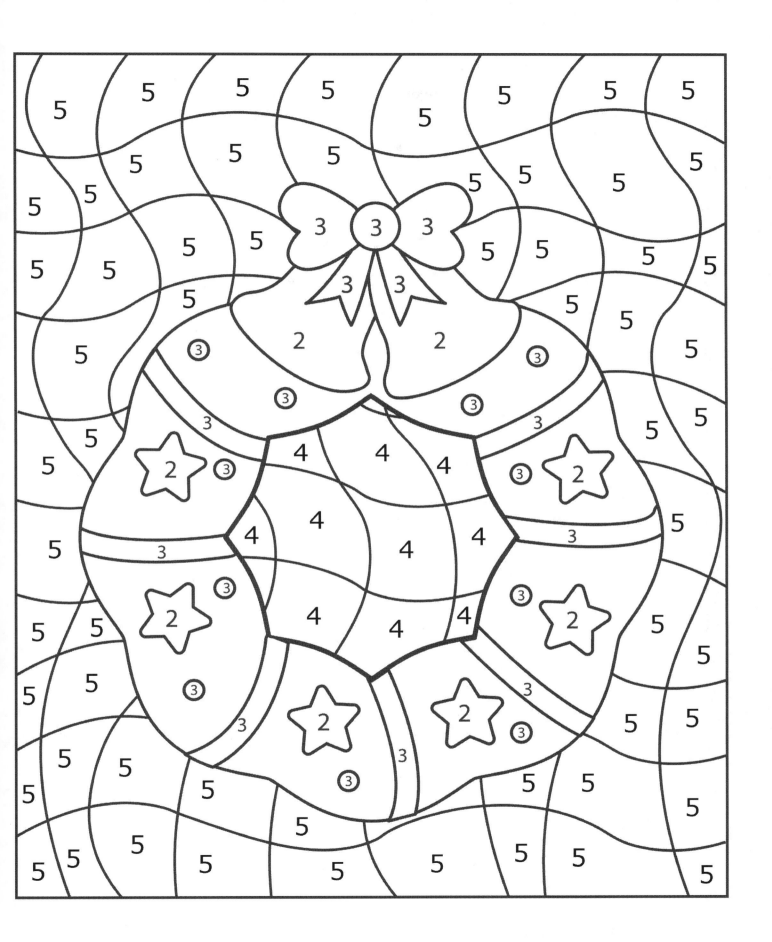

1	SUMMER SKY
2	YELLOW
3	GOLDEN YELLOW
4	RED
5	GREEN

1. YELLOW
2. GREEN
3. RED
4. BROWN
5. PEACH
6. LEMON

1 AQUA

2 ORANGE RED

3 GREEN

4 PEACH

5 RED

6 WHITE

7 YELLOW

1 -Aqua   2 -Orange Red   3 -Green   4 -Peach

5 -Red   6 -White   7 -Yellow

1 RED

2 PINK

3 TIN

4 BROWN

5 AQUA

Let's Connect The Dot & Color

Let's Connect The Dot & Color

Let's Connect The Dot & Color

Let's Connect The Dot & Color

Let's Connect The Dot & Color

Spot 5 differences

Spot 5 differences

Spot 5 differences

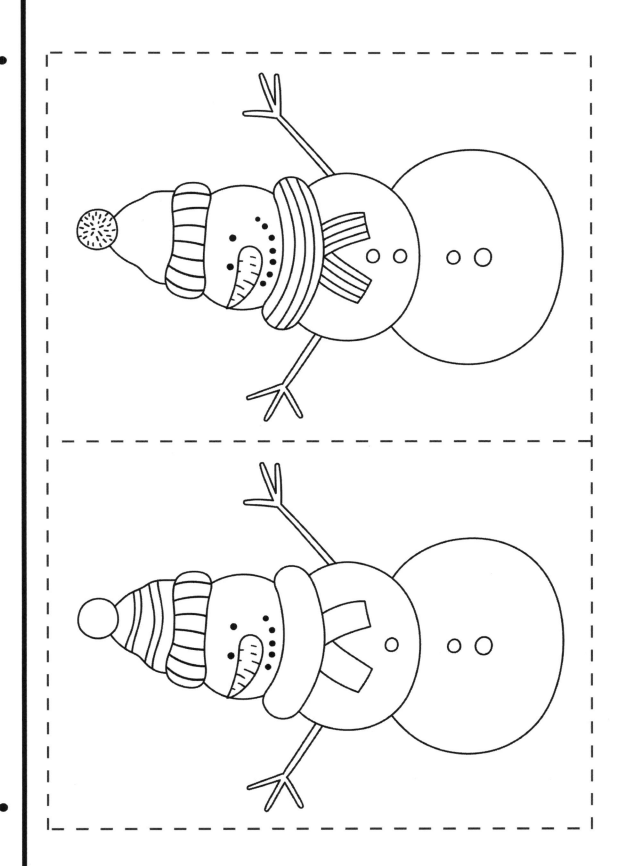

Spot 10 differences & color

Spot 10 differences & color

Puzzle 1

1	2		
4			2
3	4		1
	1		3

Puzzle 2

		2	1
1	2		3
3	4		2
		3	

Puzzle 3

	2	4	1
	4	2	
	1	3	
2		1	4

Puzzle 4

	2	1	
1	4		2
		2	3
	3	4	

Puzzle 5

4		3	
2			
1	4	2	
3			4

Puzzle 6

3	2	4	
		3	2
	4		3
		1	4

Puzzle 7

2	1		
4		2	1
1	2	3	
			1

Puzzle 8

	2		4
4	1		3
		3	
3	2	4	

Puzzle 9

6			3		4
4			5	6	1
	6	1	4	5	
		4			6
5	4	2	6		
	3	6		4	5

Puzzle 10

		2	5		
4		5	6		2
3		1			
5	4	6	3		1
1	5			6	4
	6		1		5

Puzzle 11

			2	1	
		3	5		
		1			2
5		2	6	3	1
			1	6	4
	6		3	2	

Puzzle 12

	3	2	6	1	4
6		1			
3					
1	2	4			6
		5			1
4				6	

Puzzle 13

2		4			1
3	6		5	4	2
6			1	3	4
	1			5	
			4	2	

Puzzle 14

5	4			3	
2	3	1		4	
	2				
		3		6	
				2	1
3				5	6

Puzzle 15

	5			1	
	3				
	1			5	2
3		5	2	6	1
1	2	6		4	

Puzzle 16

	4			1	
	6		4	5	
	3				5
	5	1		6	
6					
5	1	4	6		2

Puzzle 17

	3	9	5		8	6	7	1
4	5							3
		7			3		8	5
			8	6	5			
8	4		2	9			6	
	1	2	7		4			
		4		1	9		3	8
		6			2	7	1	
	2			8	7	5		

Puzzle 18

9	4			5		7		2
	2	5				8		6
3	6	7		8	9	5		
	7	9	6	3	1		8	
4	8		2	7		1		
			4	8				7
5			4			9		
	1		7			2	6	3
7		2	8		3	1		

Puzzle 19

2				7		8	9	
	7			5		4		
1	6	3	8	9		2		
6		9		2		5		
	8		6	9				
		2				9		
	4	7	9	2	5			1
			3	7		9		
5	9	1	8			7		

Puzzle 20

2			5			6	8	
6	3					5		
	8					2		3
		4					3	
9			3		2	1		
			1	8	4	9	6	5
5			4		6	3		8
8		6	7	1		4	5	9
							2	6

Puzzle 21

7	5			9			3	6
				4			5	7
	8	9	7			1	4	2
	6		5	8	2	4	7	
5				9	4	6	2	
2			6		7		9	
	9	5				1		
1	2		7			3	8	5
	7		5			2		9

Puzzle 22

3				5		9	1	
6			4		1			
		1		3		9	6	4
1	3	8	2				5	9
			5	8			4	
				9	5			
5					8	4	7	6
	6	1	9	4			8	5
8	4					2		1

Puzzle 23

		8	2		4	9		5
							6	
	9							
4	2	5	1		6	7		9
7			8	2				4
8	3			7		2		6
2		3	7			6	4	1
5	4	1			2	9		7
			1	3	5	2		

Puzzle 24

	9	8						2
4		7		3	5			6
	6	5	2			7		
2		5	3	9		8	1	7
			5		4	9		3
9							2	5
		7		3	6	9		1
6	1		4		2	7		8
	7			1			5	

Puzzle 25

4	1							
	5	6			9			
				5		6	7	
2			9			4	1	6
		8			6			2
6	4	5	1			8	9	3
5					8			9
7		9	5	3				4
		1		9	4		8	7

Puzzle 26

		7		5	9		8	
3		9	4		8	7	1	
		8	1			3	9	5
			9		5	2	4	
	3	4	7	8	2	1		
5		2						
8	7		2		1	4		9
				7	4	8	2	
2	4	1		6				

Puzzle 27

8		9	7			3	4	
6			9		3			2
3	7				4	8		
		3		4	1			5
			8	3	9			
1					8			
	9	5	4		2	3	6	
		8	5	7	6		4	1
4			3	9		2		

Puzzle 28

		3		5				1
2		1	8	6		7	9	
		7		1		4		
7		6				3	5	4
		4	7	5	1	8		
	9		3	8		6	7	
6		2	5					3
9	1			7			4	2
4	5		1		3			6

Puzzle 29

	2	1			9			6
		6				4	2	
4		5	2		8	1	3	
		7		1	2		8	9
	5		9					
2		9		8	4			
9				4	5		6	
	4				7		8	
5	6	8		2	3			

Puzzle 30

		3			4	1	5	
			9	8		2		
4	7			6	5			
3	9		7	5			1	
		8		4			6	2
			8			3		5
9	6		4	2		8		1
	4				1		2	
		1		6		8	5	7

Puzzle 31

6	4	2	5	7	1	8	9	3
		9	3	4				1
1				9		7		4
3	5		8	1	7		2	9
8	6		4					7
9	2		6		5			
					5	4		6
			6				8	1
	7	6			2		3	

Puzzle 32

				2			5	
	2		6		4		3	8
7	4	9	5		8	6		
6		3	8		1	5	7	9
	5	4		9	2		6	3
8							4	
6	1	5	2					4
				3			1	5
9				1			8	6

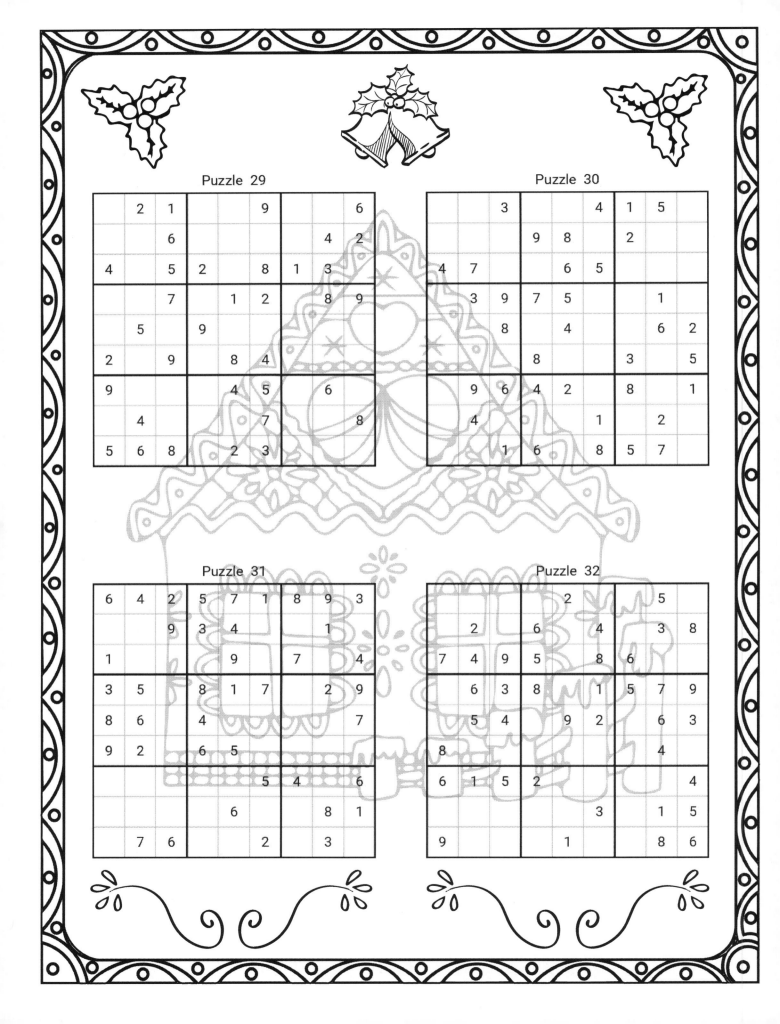

Puzzle 33

1			8		6			7
7	5							
				5	2	9	4	
4	2					8	7	9
	8					1	2	3
		1	2		8	4	6	
			9		4	7		
	9		6	2				
3		4	5	8	7	6	9	

Puzzle 34

	8					6	4	
	9		4		8	1	5	3
5			9	6			7	
8	6	9	3		4	7		
	7	2	6	1	9	3	8	
3	5	1				4		
	4		8				3	
6		8		5	9			7
9		1				6	4	

Puzzle 35

		4			9		2	
	2	6		1		4	9	
	5			8	6			7
4	6			1	3			
5		2	3	9	4	7		1
3	9	1		7		4		
6	4	9	7			5	2	
2				6		1		
7			5		2			

Puzzle 36

1	7					2		6
			1		6	9		4
			2	4			9	1
9			8	4	5	3		
					1	5		9
5								
7	6	5	2				9	1
3	9	1	4	5			2	
4		2	6					5

Puzzle 37

```
. 2 . | 6 1 8 | 7 4 9
. . 8 | . . . | 2 . .
. 4 9 | . 3 2 | . 8 .
------+-------+------
8 3 . | 9 2 4 | . . 7
7 . . | 3 . . | 4 . .
. . 6 | . . . | 8 . .
------+-------+------
. . . | . 6 . | . 2 .
9 . . | . 4 . | . . 8
2 8 7 | . 9 3 | . 6 .
```

Puzzle 38

```
3 5 . | 7 6 . | . 1 8
2 7 . | . 8 3 | 4 . .
9 . . | . 2 5 | 6 . 3
------+-------+------
5 9 . | 3 . 2 | . 6 .
. 4 . | 1 . . | . . 5
. . . | . . . | . 8 .
------+-------+------
. 2 . | 9 7 . | . . .
. 4 . | 6 3 1 | 5 2 .
. 1 3 | . 5 4 | . 9 .
```

Puzzle 39

```
6 4 9 | . . 3 | . . .
3 7 2 | 6 . 9 | 4 8 5
. . . | 2 . . | 6 . .
------+-------+------
. . 1 | 8 . . | . . .
2 . 5 | . . 1 | . . .
8 . . | 4 . . | 9 . 6
------+-------+------
5 8 . | . 7 . | 3 9 .
9 1 . | 2 . . | 5 8 6
. . 2 | . 3 . | 8 . .
```

Puzzle 40

```
5 3 . | . . 8 | 9 7 .
8 . 9 | . 3 . | 4 5 .
. 2 7 | . 9 . | . . .
------+-------+------
7 . 2 | . . 9 | . 4 3
6 . . | . 4 3 | 1 8 .
. 4 . | 7 . . | 6 2 9
------+-------+------
. . 4 | 6 . . | 8 . .
2 8 3 | 9 5 1 | 7 . 4
. 5 . | . 7 4 | . . .
```

Puzzle 1

1	2	3	4
4	3	1	2
3	4	2	1
2	1	4	3

Puzzle 2

4	3	2	1
1	2	4	3
3	4	1	2
2	1	3	4

Puzzle 3

3	2	4	1
1	4	2	3
4	1	3	2
2	3	1	4

Puzzle 4

3	2	1	4
1	4	3	2
4	1	2	3
2	3	4	1

Puzzle 5

4	1	3	2
2	3	4	1
1	4	2	3
3	2	1	4

Puzzle 6

3	2	4	1
4	1	3	2
1	4	2	3
2	3	1	4

Puzzle 7

2	1	4	3
4	3	2	1
1	2	3	4
3	4	1	2

Puzzle 8

2	3	1	4
4	1	2	3
1	4	3	2
3	2	4	1

Puzzle 9

6	1	5	3	2	4
4	2	3	5	6	1
3	6	1	4	5	2
2	5	4	1	3	6
5	4	2	6	1	3
1	3	6	2	4	5

Puzzle 10

6	1	2	5	4	3
4	3	5	6	1	2
3	2	1	4	5	6
5	4	6	3	2	1
1	5	3	2	6	4
2	6	4	1	3	5

Puzzle 11

4	5	6	2	1	3
2	1	3	5	4	6
6	3	1	4	5	2
5	4	2	6	3	1
3	2	5	1	6	4
1	6	4	3	2	5

Puzzle 12

5	3	2	6	1	4
6	4	1	5	2	3
3	5	6	1	4	2
1	2	4	3	5	6
2	6	5	4	3	1
4	1	3	2	6	5

Puzzle 13

2	5	4	3	6	1
3	6	1	5	4	2
6	2	5	1	3	4
4	1	3	2	5	6
1	3	6	4	2	5
5	4	2	6	1	3

Puzzle 14

5	4	6	1	3	2
2	3	1	6	4	5
6	2	4	5	1	3
1	5	3	2	6	4
4	6	5	3	2	1
3	1	2	4	5	6

Puzzle 15

2	5	4	3	1	6
6	3	1	4	2	5
4	1	3	6	5	2
5	6	2	1	3	4
3	4	5	2	6	1
1	2	6	5	4	3

Puzzle 16

3	4	5	2	1	6
1	6	2	4	5	3
4	3	6	1	2	5
2	5	1	3	6	4
6	2	3	5	4	1
5	1	4	6	3	2

Puzzle 17

2	3	9	5	4	8	6	7	1
4	5	8	1	7	6	9	2	3
1	6	7	9	2	3	4	8	5
7	9	3	8	6	5	1	4	2
8	4	5	2	9	1	3	6	7
6	1	2	7	3	4	8	5	9
5	7	4	6	1	9	2	3	8
9	8	6	3	5	2	7	1	4
3	2	1	4	8	7	5	9	6

Puzzle 18

9	4	8	1	5	6	7	3	2
1	2	5	3	7	4	8	9	6
3	6	7	2	8	9	5	4	1
2	7	9	6	3	1	4	8	5
4	8	3	5	2	7	6	1	9
6	5	1	9	4	8	3	2	7
5	3	6	4	1	2	9	7	8
8	1	4	7	9	5	2	6	3
7	9	2	8	6	3	1	5	4

Puzzle 19

2	5	4	6	7	3	1	8	9
9	7	8	2	5	1	6	4	3
1	6	3	8	9	4	7	2	5
6	3	9	7	1	2	4	5	8
4	8	5	3	6	9	2	1	7
7	1	2	5	4	8	9	3	6
3	4	7	9	2	5	8	6	1
8	2	6	1	3	7	5	9	4
5	9	1	4	8	6	3	7	2

Puzzle 20

2	9	1	5	3	7	6	8	4
6	3	7	2	4	8	5	9	1
4	8	5	9	6	1	2	7	3
5	1	4	6	7	9	8	3	2
9	6	8	3	5	2	1	4	7
3	7	2	1	8	4	9	6	5
7	5	9	4	2	6	3	1	8
8	2	6	7	1	3	4	5	9
1	4	3	8	9	5	7	2	6

Puzzle 21

7	5	4	2	9	1	8	3	6
6	1	2	8	4	3	9	5	7
3	8	9	7	6	5	1	4	2
9	6	1	5	8	2	4	7	3
5	3	7	9	1	4	6	2	8
2	4	8	6	3	7	5	9	1
8	9	5	3	2	6	7	1	4
1	2	6	4	7	9	3	8	5
4	7	3	1	5	8	2	6	9

Puzzle 22

3	8	4	6	5	2	9	1	7
6	5	9	4	7	1	8	2	3
7	1	2	3	8	9	5	6	4
1	3	8	2	6	4	7	5	9
9	7	5	8	1	3	6	4	2
4	2	6	7	9	5	1	3	8
5	9	3	1	2	8	4	7	6
2	6	1	9	4	7	3	8	5
8	4	7	5	3	6	2	9	1

Puzzle 23

3	7	8	2	6	4	1	9	5
1	5	2	9	7	8	4	6	3
6	9	4	3	5	1	8	7	2
4	2	5	1	3	6	7	8	9
7	1	6	8	2	9	3	5	4
8	3	9	5	4	7	2	1	6
2	8	3	7	9	5	6	4	1
5	4	1	6	8	2	9	3	7
9	6	7	4	1	3	5	2	8

Puzzle 24

3	9	8	1	6	7	5	4	2
4	2	7	9	3	5	1	8	6
1	6	5	2	4	8	3	7	9
2	5	4	3	9	6	8	1	7
7	8	1	5	2	4	9	6	3
9	3	6	8	7	1	4	2	5
5	4	2	7	8	3	6	9	1
6	1	9	4	5	2	7	3	8
8	7	3	6	1	9	2	5	4

Puzzle 25

4	1	7	8	6	3	9	2	5
8	5	6	2	7	9	3	4	1
9	3	2	4	5	1	6	7	8
2	7	3	9	8	5	4	1	6
1	9	8	3	4	6	7	5	2
6	4	5	1	2	7	8	9	3
5	6	4	7	1	8	2	3	9
7	8	9	5	3	2	1	6	4
3	2	1	6	9	4	5	8	7

Puzzle 26

1	2	7	3	5	9	6	8	4
3	5	9	4	6	8	7	1	2
4	6	8	1	2	7	3	9	5
7	8	6	9	1	5	2	4	3
9	3	4	7	8	2	1	5	6
5	1	2	6	4	3	9	7	8
8	7	5	2	3	1	4	6	9
6	9	3	5	7	4	8	2	1
2	4	1	8	9	6	5	3	7

Puzzle 27

8	1	9	7	2	5	6	3	4
6	5	4	9	8	3	1	7	2
3	7	2	1	6	4	5	8	9
9	8	3	6	4	1	7	2	5
5	2	7	8	3	9	4	1	6
1	4	6	2	5	7	8	9	3
7	9	5	4	1	2	3	6	8
2	3	8	5	7	6	9	4	1
4	6	1	3	9	8	2	5	7

Puzzle 28

8	3	9	7	5	4	6	2	1
2	4	1	3	8	6	7	9	5
5	6	7	9	1	2	4	3	8
7	8	6	2	9	1	3	5	4
3	2	4	6	7	5	1	8	9
1	9	5	4	3	8	2	6	7
6	7	2	5	4	9	8	1	3
9	1	3	8	6	7	5	4	2
4	5	8	1	2	3	9	7	6

Puzzle 29

7	2	1	4	3	9	8	5	6
3	8	6	7	5	1	9	4	2
4	9	5	2	6	8	1	3	7
6	3	7	5	1	2	4	8	9
8	5	4	9	7	6	2	1	3
2	1	9	3	8	4	6	7	5
9	7	2	8	4	5	3	6	1
1	4	3	6	9	7	5	2	8
5	6	8	1	2	3	7	9	4

Puzzle 30

9	8	3	2	7	4	1	5	6
6	1	5	9	8	3	2	4	7
4	7	2	1	6	5	9	8	3
2	3	9	7	5	6	4	1	8
1	5	8	3	4	9	7	6	2
7	6	4	8	1	2	3	9	5
5	9	6	4	2	7	8	3	1
8	4	7	5	3	1	6	2	9
3	2	1	6	9	8	5	7	4

Puzzle 31

6	4	2	5	7	1	8	9	3
7	8	9	3	4	6	5	1	2
1	3	5	2	9	8	7	6	4
3	5	4	8	1	7	6	2	9
8	6	1	4	2	9	3	5	7
9	2	7	6	5	3	1	4	8
2	1	8	9	3	5	4	7	6
5	9	3	7	6	4	2	8	1
4	7	6	1	8	2	9	3	5

Puzzle 32

3	8	6	1	2	9	4	5	7
5	2	1	6	7	4	9	3	8
7	4	9	5	3	8	6	2	1
2	6	3	8	4	1	5	7	9
1	5	4	7	9	2	8	6	3
8	9	7	3	5	6	1	4	2
6	1	5	2	8	7	3	9	4
4	7	8	9	6	3	2	1	5
9	3	2	4	1	5	7	8	6

Puzzle 33

1	4	2	8	9	6	3	5	7
7	5	9	3	4	1	2	8	6
6	3	8	7	5	2	9	4	1
4	2	3	1	6	5	8	7	9
5	8	6	4	7	9	1	2	3
9	7	1	2	3	8	4	6	5
2	6	5	9	1	4	7	3	8
8	9	7	6	2	3	5	1	4
3	1	4	5	8	7	6	9	2

Puzzle 34

1	8	7	5	2	3	6	4	9
2	9	6	4	7	8	1	5	3
5	4	3	9	6	1	2	7	8
8	6	9	3	5	4	7	2	1
4	7	2	6	1	9	3	8	5
3	5	1	7	8	2	4	9	6
7	1	4	8	9	6	5	3	2
6	3	8	2	4	5	9	1	7
9	2	5	1	3	7	8	6	4

Puzzle 35

1	7	4	6	3	9	5	2	8
8	2	6	7	1	5	4	9	3
9	5	3	4	2	8	6	1	7
4	6	7	2	5	1	3	8	9
5	8	2	3	9	4	7	6	1
3	9	1	8	6	7	2	4	5
6	4	9	1	7	3	8	5	2
2	3	5	9	8	6	1	7	4
7	1	8	5	4	2	9	3	6

Puzzle 36

1	7	9	5	8	4	2	3	6
8	5	3	1	2	6	9	7	4
6	2	4	3	7	9	8	1	5
9	1	7	8	4	5	3	6	2
2	4	6	7	1	3	5	8	9
5	3	8	9	6	2	1	4	7
7	6	5	2	3	8	4	9	1
3	9	1	4	5	7	6	2	8
4	8	2	6	9	1	7	5	3

Puzzle 37

5	2	3	6	1	8	7	4	9
6	7	8	4	5	9	2	1	3
1	4	9	7	3	2	5	8	6
8	3	5	9	2	4	6	7	1
7	1	2	3	8	6	4	9	5
4	9	6	1	7	5	8	3	2
3	5	4	8	6	1	9	2	7
9	6	1	2	4	7	3	5	8
2	8	7	5	9	3	1	6	4

Puzzle 38

3	5	4	7	6	9	2	1	8
2	7	6	1	8	3	4	5	9
9	8	1	4	2	5	6	7	3
5	9	8	3	7	2	1	6	4
4	6	2	9	1	8	7	3	5
1	3	7	5	4	6	9	8	2
6	2	5	8	9	7	3	4	1
8	4	9	6	3	1	5	2	7
7	1	3	2	5	4	8	9	6

Puzzle 39

6	4	9	5	8	3	2	7	1
3	7	2	6	1	9	4	8	5
1	5	8	7	2	4	6	3	9
4	9	1	8	6	7	5	2	3
2	6	5	9	3	1	7	4	8
8	3	7	4	5	2	9	1	6
5	8	4	1	7	6	3	9	2
9	1	3	2	4	5	8	6	7
7	2	6	3	9	8	1	5	4

Puzzle 40

5	3	1	4	2	8	9	7	6
8	6	9	1	3	7	4	5	2
4	2	7	5	9	6	3	1	8
7	1	2	6	8	9	5	4	3
6	9	5	2	4	3	1	8	7
3	4	8	7	1	5	6	2	9
1	7	4	3	6	2	8	9	5
2	8	3	9	5	1	7	6	4
9	5	6	8	7	4	2	3	1

MAZES 01

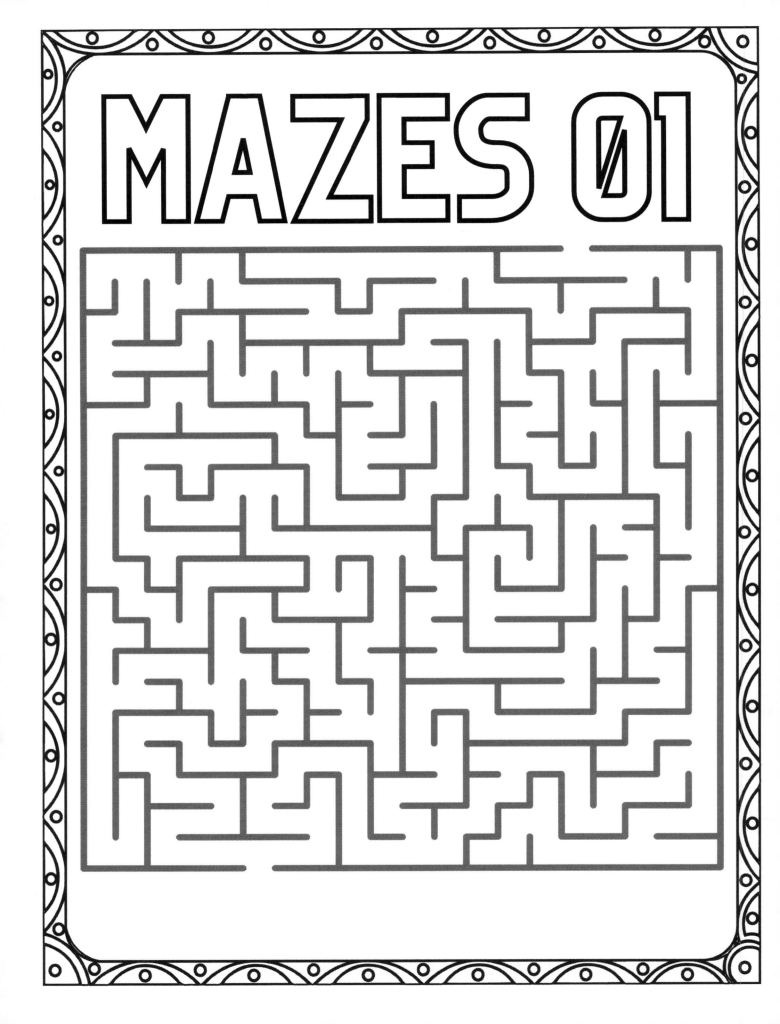

MAZES 02

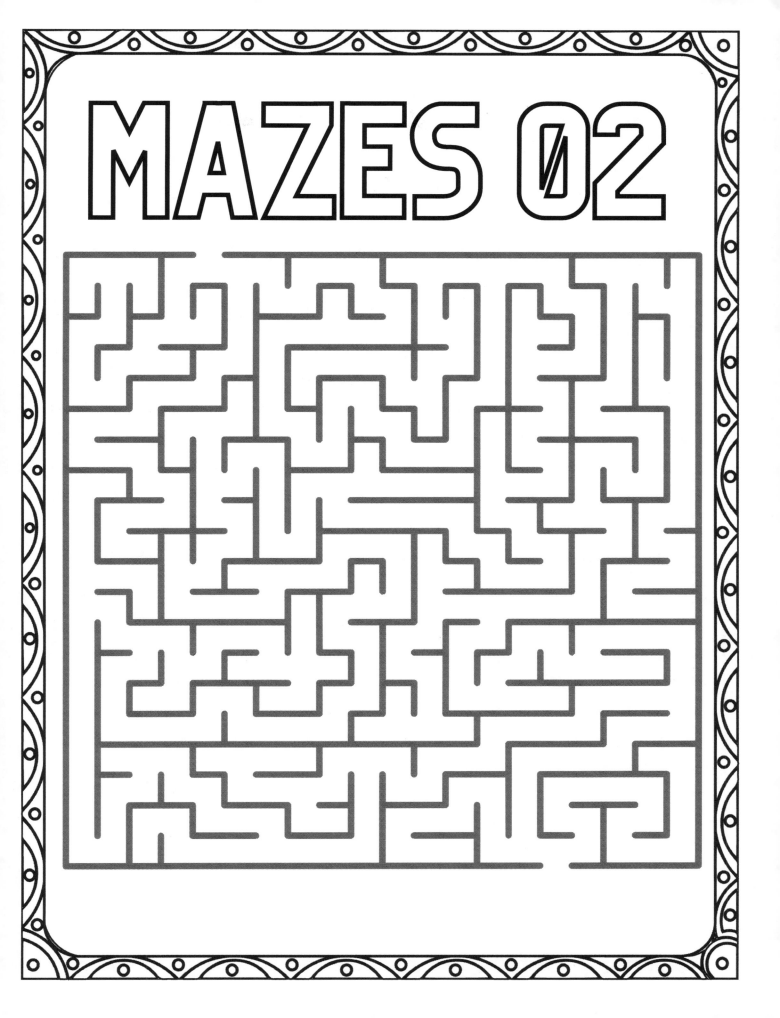

MAZES 03

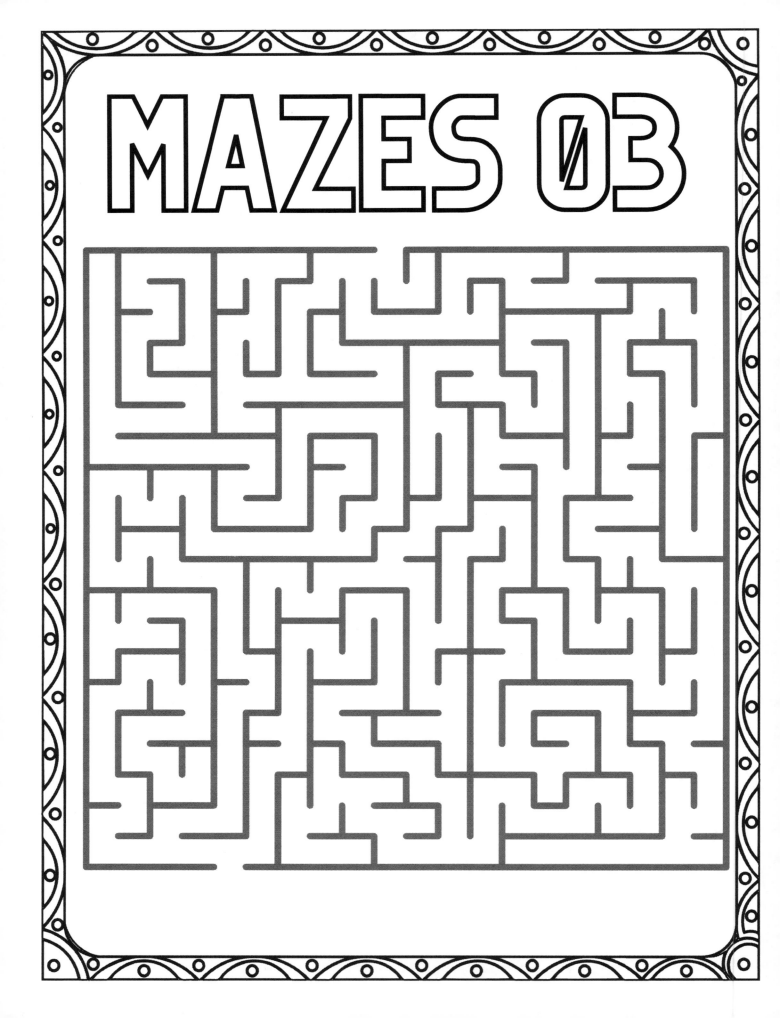

MAZES 04

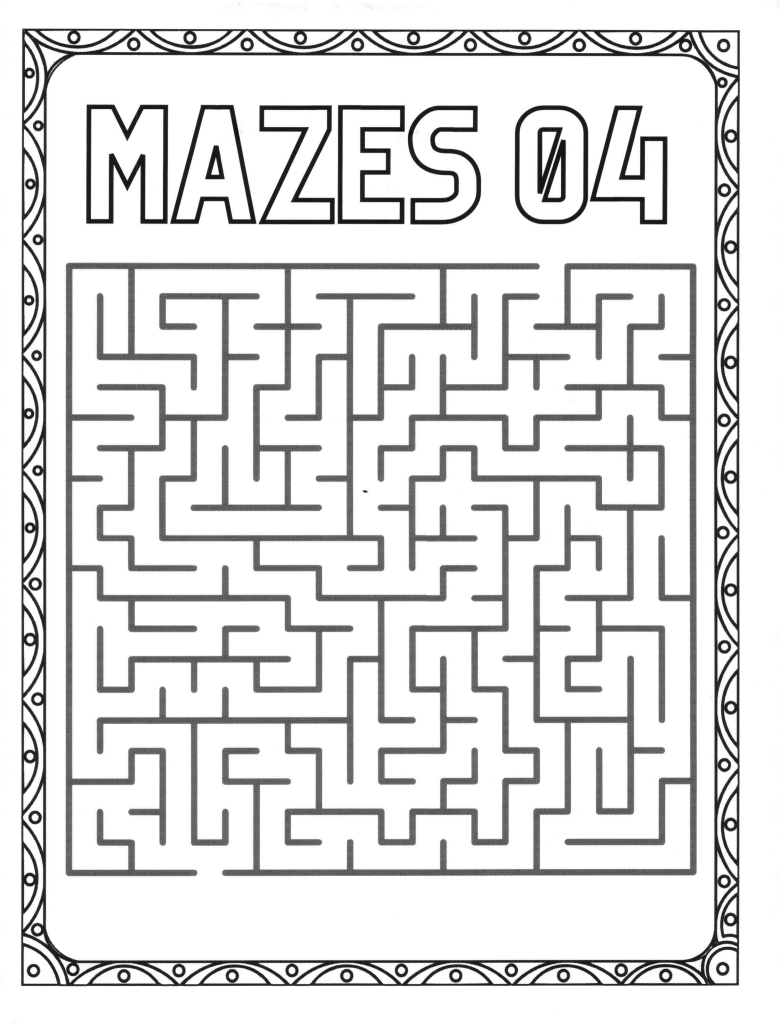

MAZES 05

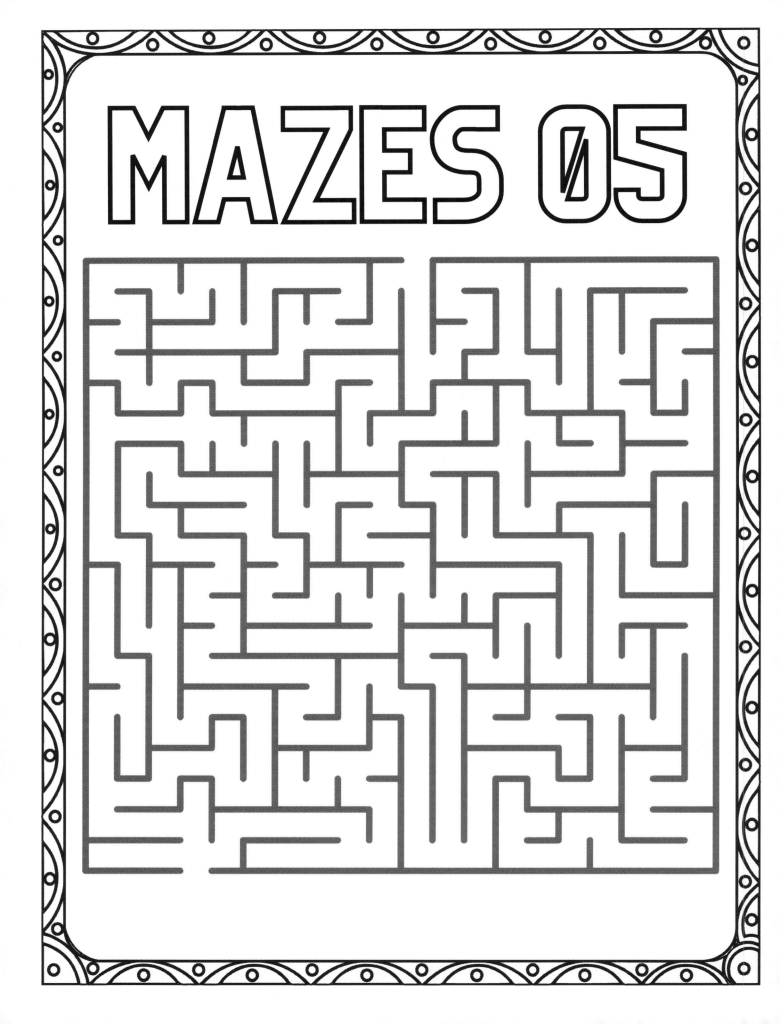

MAZES 06

MAZES 07

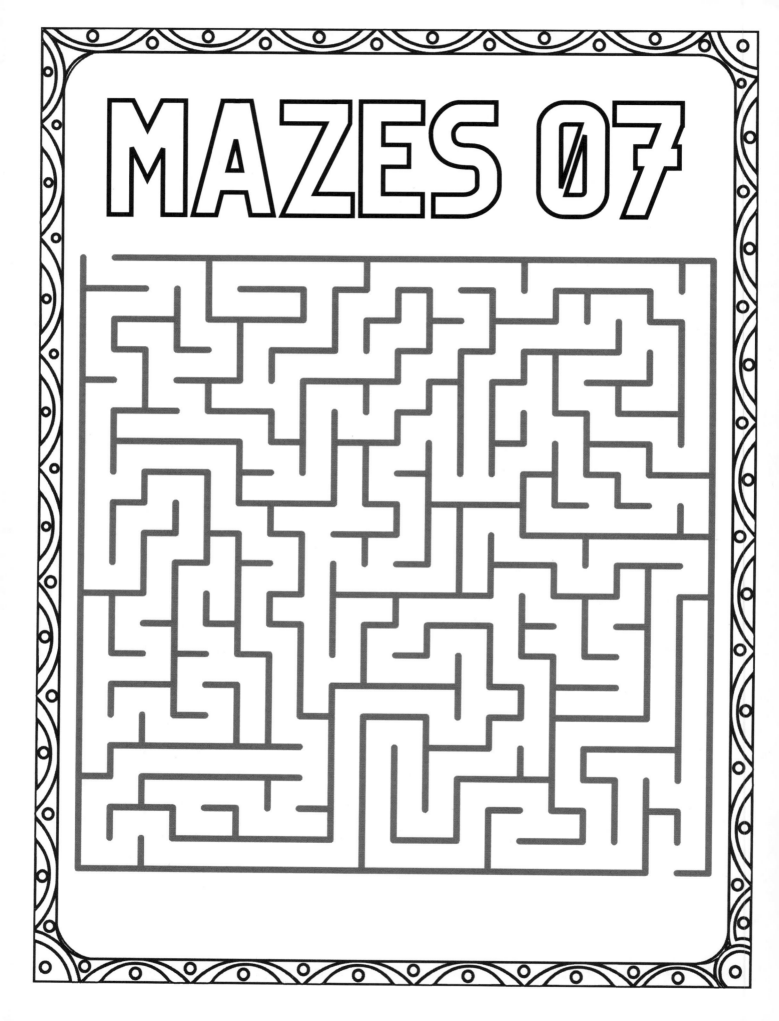

MAZES 08

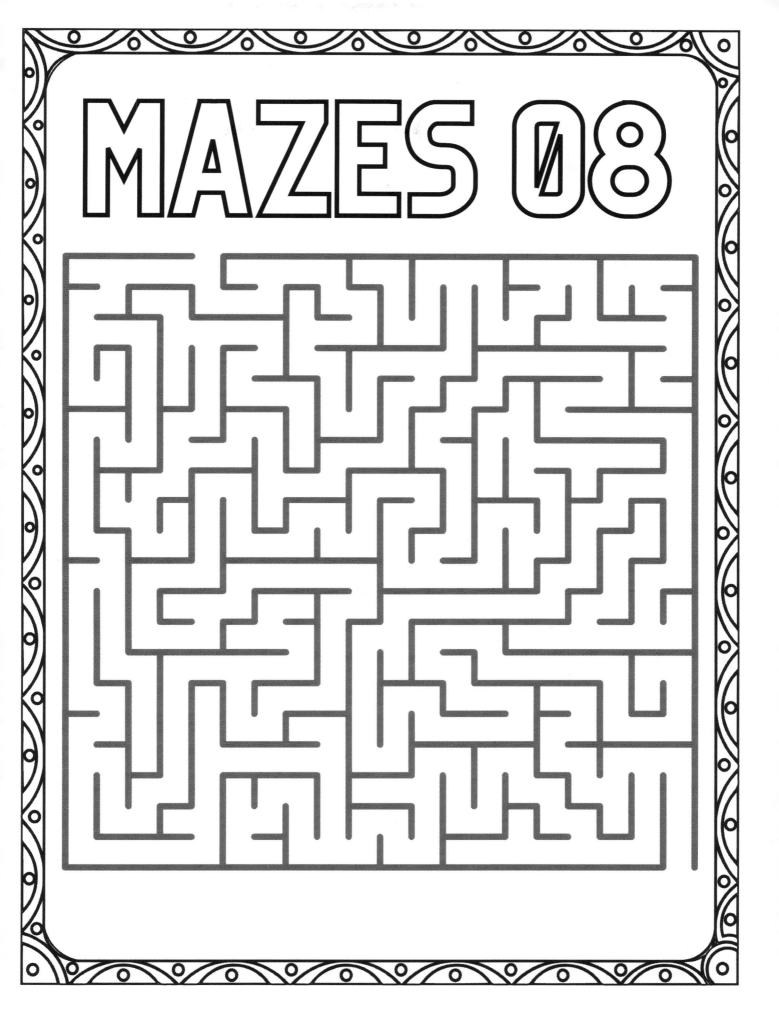

MAZES 09

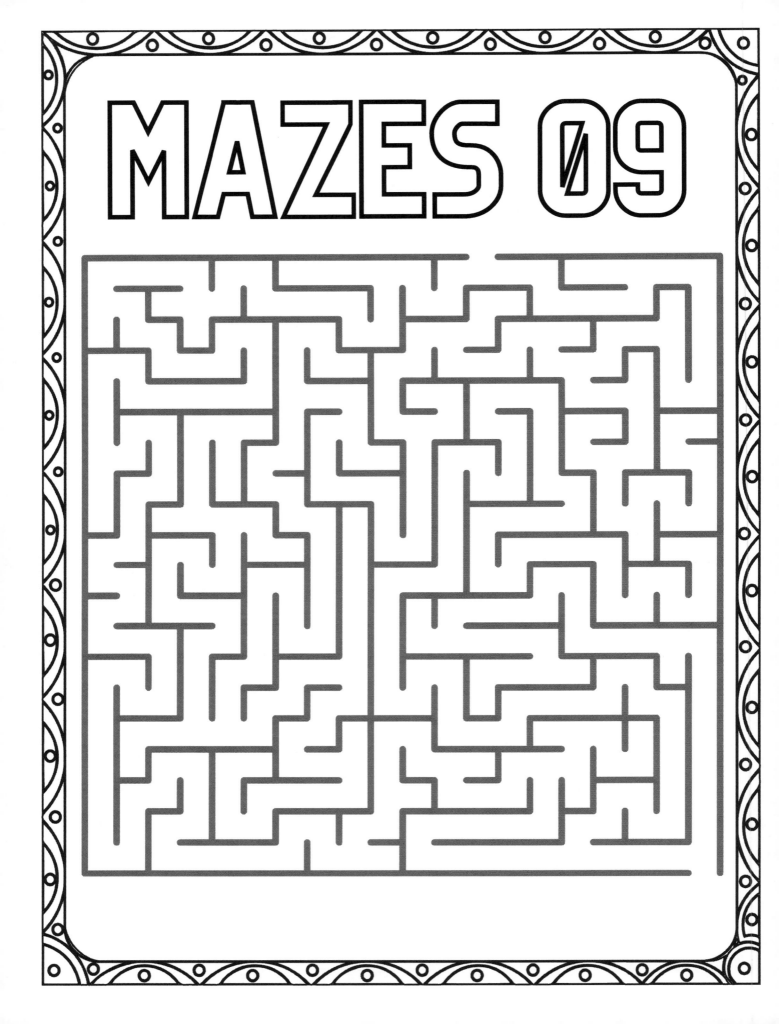

MAZES 10

MAZES 11

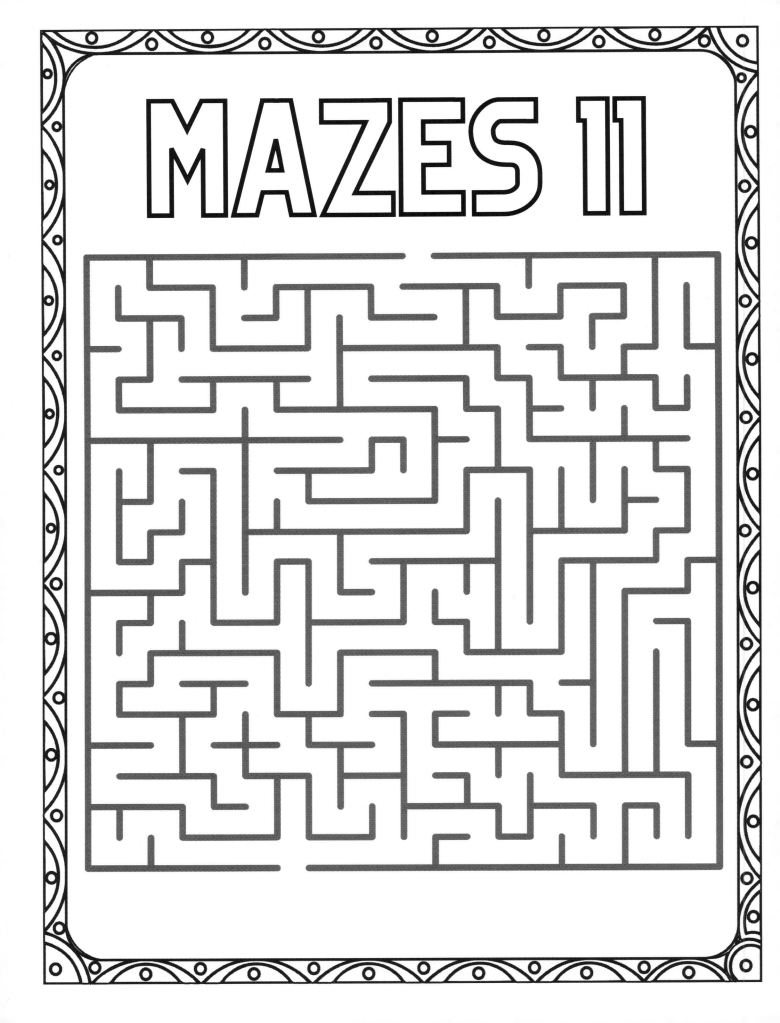

MAZES 12

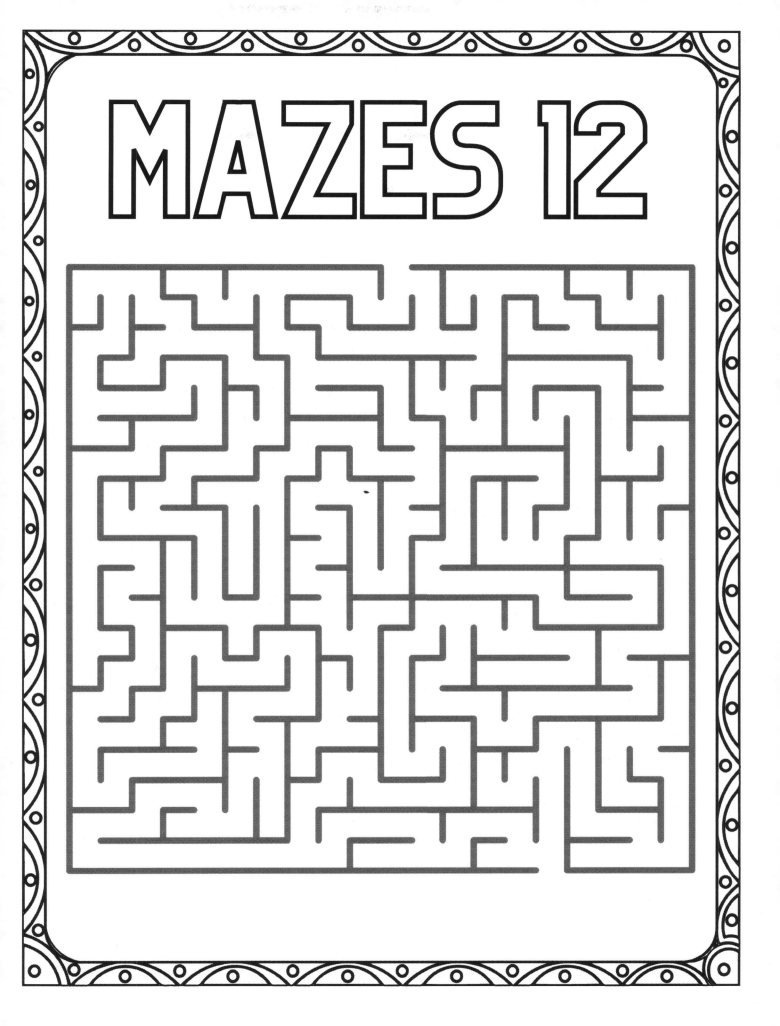

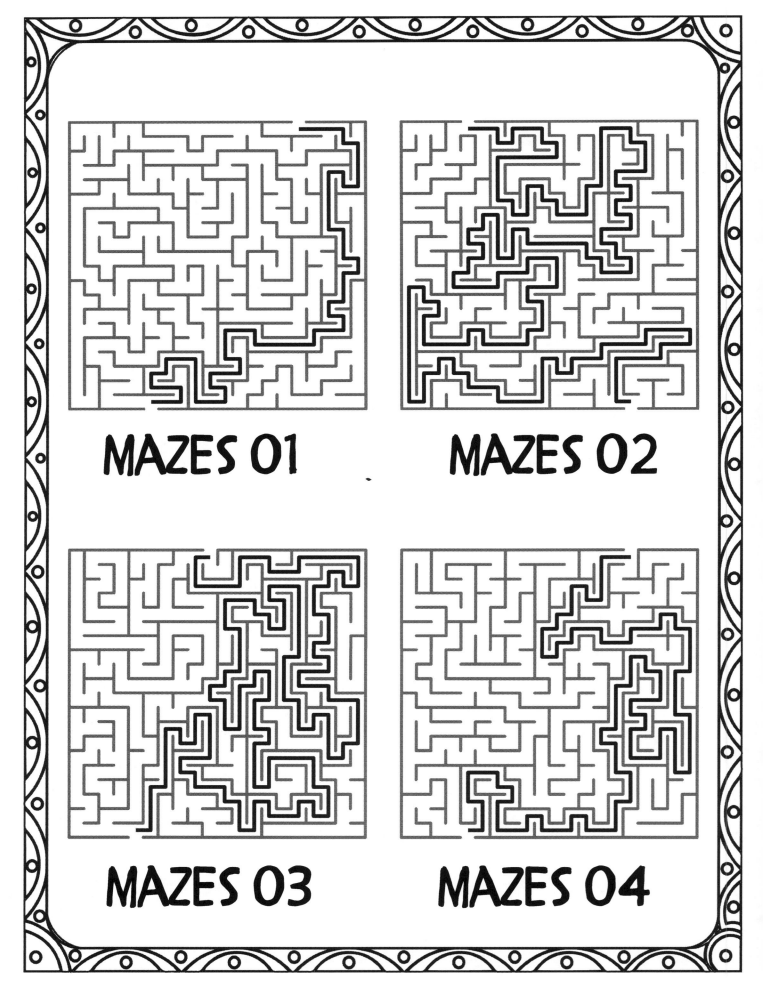

MAZES 01

MAZES 02

MAZES 03

MAZES 04

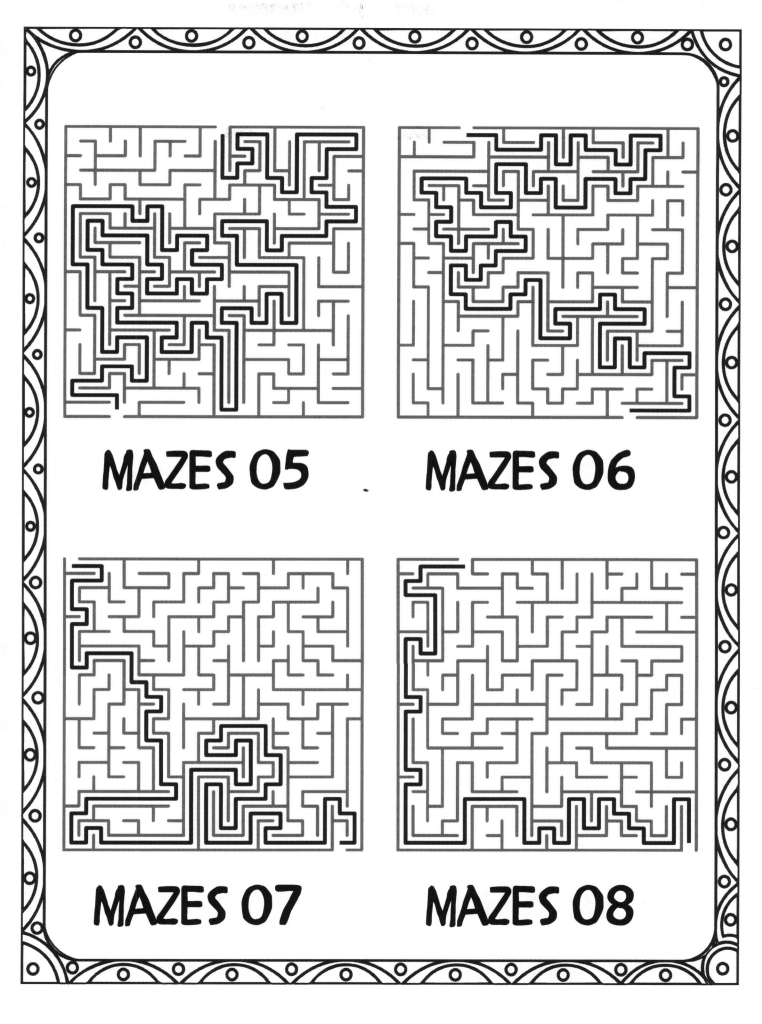

MAZES 05

MAZES 06

MAZES 07

MAZES 08

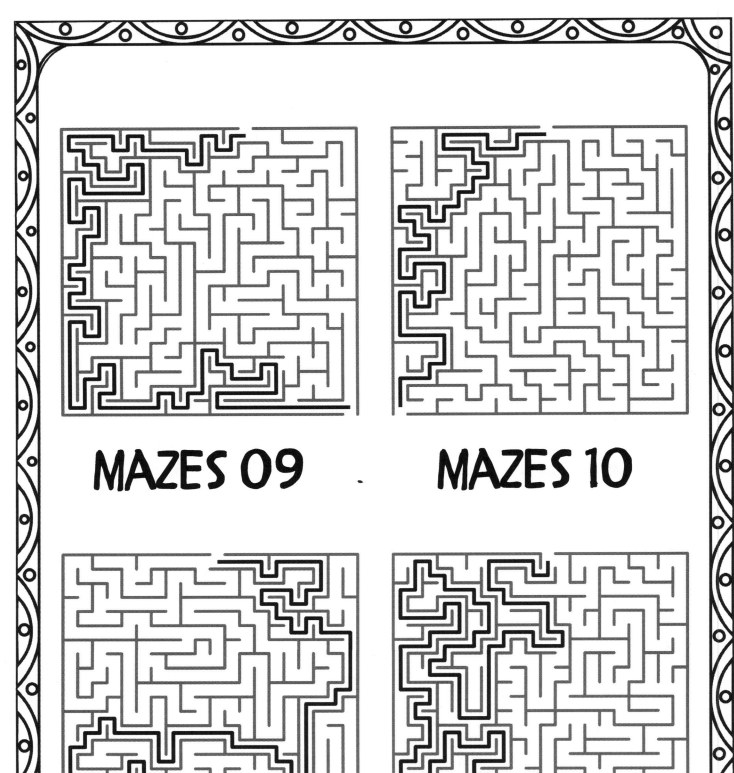

MAZES 09

MAZES 10

MAZES 11

MAZES 12

Christmas Word Scramble 1

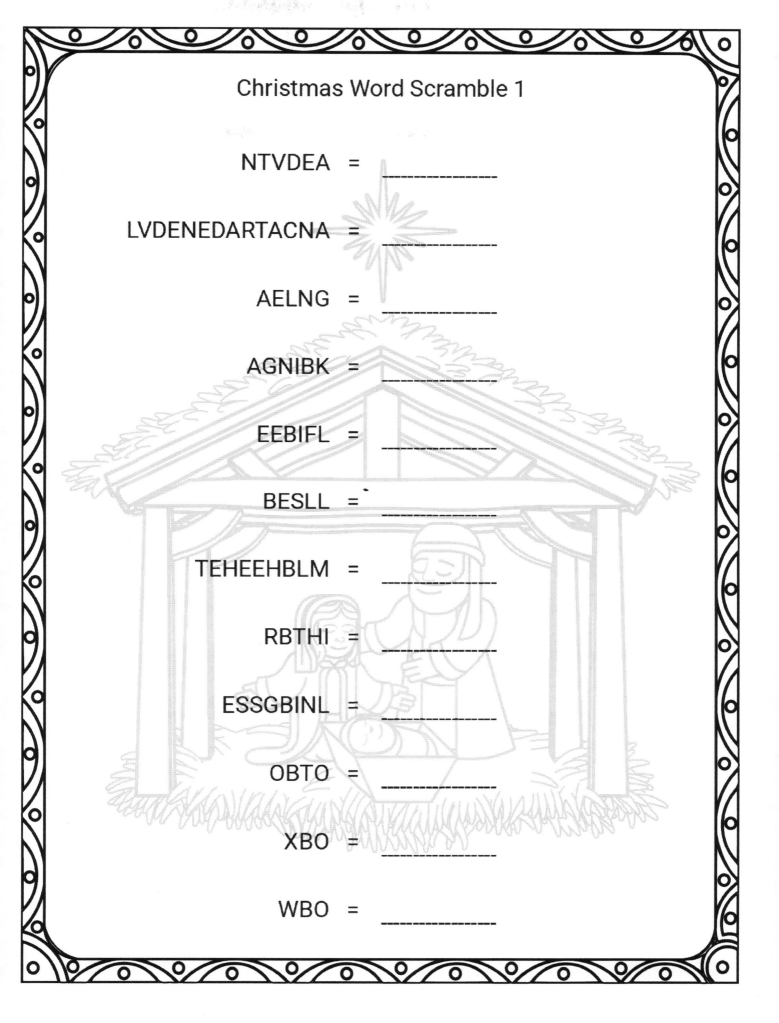

NTVDEA = _____

LVDENEDARTACNA = _____

AELNG = _____

AGNIBK = _____

EEBIFL = _____

BESLL = _____

TEHEEHBLM = _____

RBTHI = _____

ESSGBINL = _____

OBTO = _____

XBO = _____

WBO = _____

Christmas Word Scramble 2

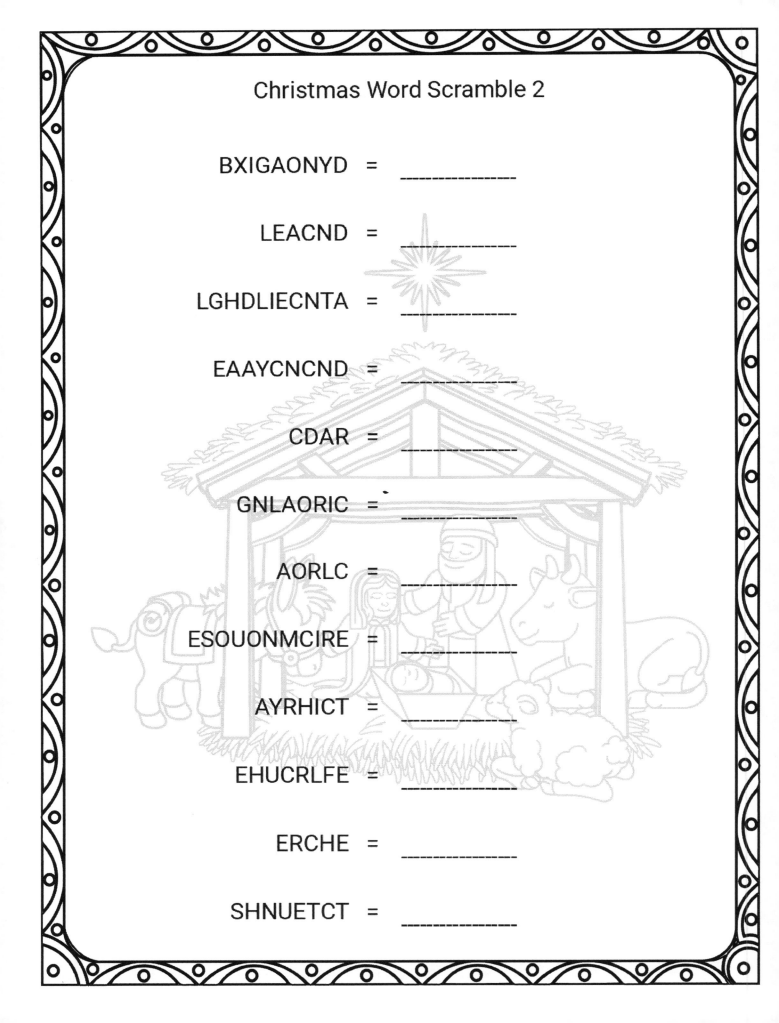

BXIGAONYD = _____

LEACND = _____

LGHDLIECNTA = _____

EAAYCNCND = _____

CDAR = _____

GNLAORIC = _____

AORLC = _____

ESOUONMCIRE = _____

AYRHICT = _____

EHUCRLFE = _____

ERCHE = _____

SHNUETCT = _____

Christmas Word Scramble 3

IYCMHNE = _____

OOCLEATCH = _____

TAREESMCSVHI = _____

SACTMIDHSYRA = _____

SREIASHRCETMT = _____

DECTSTRSIIHMA = _____

CRHUCH = _____

IERCD = _____

CALO = _____

OSICEOK = _____

EOMCT = _____

RESCEIARRNB = _____

Christmas Word Scramble 4

DNEARC = _____

CDEMEERB = _____

SIETOAODRCN = _____

ODNENR = _____

NGOGGE = _____

FEL = ` _____

EUEMLNAM = _____

PYIEPHAN = _____

EEEVNERGR = _____

HEAXNGEC = _____

RAAEHIRTFSTSMCH = _____

TEVSIFE = _____

Christmas Word Scramble 5

GFGIPNDGUIDY = _____

RIF = _____

CALRPIFEE = _____

HIAFT = _____

ECNKNEFSNIAR = _____

FYTSRO = _____

RATUEIFCK = _____

LGNDARA = _____

RSIYNGEOET = _____

SGDAHUOGEENRERIB = _____

DTLGGSANIDI = _____

ALGRIO = _____

Christmas Word Scramble 6

DGOILOLW = _____

AEGCR = _____

RNTEGGIES = _____

HNIRCG = _____

LYOHL = _____

HDLIAYO = _____

ATHTELCCOOOH = _____

NYHM = _____

EANITCISKG = _____

LICCEI = _____

SKOCFTARJ = _____

LJSEAMEUR = _____

Christmas Word Scramble 7

LNBIEJSLGEL = _____

LYLJO = _____

SKEWSINGNCAEL = _____

MBTLMROUTRLDYIEE = _____

GMAERN = _____

RYMA = _____

CAEMILR = _____

SUJES = _____

LTOMEITSE = _____

NIMTTE = _____

RMRHY = _____

YTNUGHA = _____

Christmas Word Scramble 8

EOLN = _____

NEIC = _____

OTRENOLPH = _____

NMRSEATNO = _____

NTKCRRUAEC = _____

EGKAACP = _____

PNGTAEA = _____

DPGRTREAI = _____

APRADE = _____

NTRPEEMPPI = _____

TTPEISIONA = _____

INPE = _____

Christmas Word Scramble 9

RCPOPON = _____

MPCAIOLR = _____

REIECEV = _____

NEEIDRRE = _____

IECJEOR = _____

OBBRNI = _____

RHLPDUO = _____

SIOANHCTISNAL = _____

SCUTAAASNL = _____

OAVISR = _____

EGOOSCR = _____

CETEARTSASN = _____

Christmas Word Scramble 10

ESHPDHRE = _____

GEELBIHSLSL = _____

WMSANNO = _____

TOKIGNSC = _____

DESL = _____

NEGSALNWO = _____

USLAUMRPG = _____

TAWSREE = _____

OYLSMB = _____

EDNSYGETAHKIR = _____

NSLEIT = _____

ISNIDGT = _____

Christmas Word Scramble 11

NITMIYT = _____

SOYT = _____

AROIITDTN = _____

RMNMIITG = _____

OACINATV = _____

IEXNV = _____

AAIWSSL = _____

EOTIDARWEDNNWRLN = _____

SWEMENI = _____

OISHRPW = _____

PROOSWKH = _____

GPRPIEWAARPNP = _____

Christmas Word Scramble 12

ERAWHT = _____

ASMX = _____

ETYIULED = _____

CSRAOELR = _____

YNITTIAV = _____

BME5EDRCE2 = _____

IPNUDDULMPG = _____

OESGO = _____

WBAOLLNS = _____

LRCASO = _____

TFAES = _____

HUCTNSETS = _____

Christmas Word Scramble 1

NTVDEA	=	ADVENT
LVDENEDARTACNA	=	ADVENT CALENDAR
AELNG	=	ANGEL
AGNIBK	=	BAKING
EEBIFL	=	BELIEF
BESLL	=	BELLS
TEHEEHBLM	=	BETHLEHEM
RBTHI	=	BIRTH
ESSGBINL	=	BLESSING
OBTO	=	BOOT
XBO	=	BOX
WBO	=	BOW

Christmas Word Scramble 2

BXIGAONYD	=	BOXING DAY
LEACND	=	CANDLE
LGHDLIECNTA	=	CANDLELIGHT
EAAYCNCND	=	CANDY CANE
CDAR	=	CARD
GNLAORIC	=	CAROLING
AORLC	=	CAROL
ESOUONMCIRE	=	CEREMONIOUS
AYRHICT	=	CHARITY
EHUCRLFE	=	CHEERFUL
ERCHE	=	CHEER
SHNUETCT	=	CHESTNUT

Christmas Word Scramble 3

IYCMHNE	=	CHIMNEY
OOCLEATCH	=	CHOCOLATE
TAREESMCSVHI	=	CHRISTMAS EVE
SACTMIDHSYRA	=	CHRISTMAS DAY
SREIASHRCETMT	=	CHRISTMAS TREE
DECTSTRSIIHMA	=	CHRISTMASTIDE
CRHUCH	=	CHURCH
IERCD	=	CIDER
CALO	=	COAL
OSICEOK	=	COOKIES
EOMCT	=	COMET
RESCEIARRNB	=	CRANBERRIES

Christmas Word Scramble 4

DNEARC	=	DANCER
CDEMEERB	=	DECEMBER
SIETOAODRCN	=	DECORATIONS
ODNENR	=	DONNER
NGOGGE	=	EGGNOG
FEL	=	ELF
EUEMLNAM	=	EMMANUEL
PYIEPHAN	=	EPIPHANY
EEEVNERGR	=	EVERGREEN
HEAXNGEC	=	EXCHANGE
RAAEHIRTFSTSMCH	=	FATHER CHRISTMAS
TEVSIFE	=	FESTIVE

Christmas Word Scramble 5

GFGIPNDGUIDY	=	FIGGY PUDDING
RIF	=	FIR
CALRPIFEE	=	FIREPLACE
HIAFT	=	FAITH
ECNKNEFSNIAR	=	FRANKINCENSE
FYTSRO	=	FROSTY
RATUEIFCK	=	FRUITCAKE
LGNDARA	=	GARLAND
RSIYNGEOET	=	GENEROSITY
SGDAHUOGEENRERIB	=	GINGERBREAD HOUSE
DTLGGSANIDI	=	GLAD TIDINGS
ALGRIO	=	GLORIA

Christmas Word Scramble 6

DGOILOLW	=	GOODWILL
AEGCR	=	GRACE
RNTEGGIES	=	GREETINGS
HNIRCG	=	GRINCH
LYOHL	=	HOLLY
HDLIAYO	=	HOLIDAY
ATHTELCCOOOH	=	HOT CHOCOLATE
NYHM	=	HYMN
EANITCISKG	=	ICE SKATING
LICCEI	=	ICICLE
SKOCFTARJ	=	JACK FROST
LJSEAMEUR	=	JERUSALEM

Christmas Word Scramble 7

LNBIEJSLGEL	=	JINGLE BELLS
LYLJO	=	JOLLY
SKEWSINGNCAEL	=	KING WENCESLAS
MBTLMROUTRLDYIEE	=	LITTLE DRUMMER BOY
GMAERN	=	MANGER
RYMA	=	MARY
CAEMILR	=	MIRACLE
SUJES	=	JESUS
LTOMEITSE	=	MISTLETOE
NIMTTE	=	MITTEN
RMRHY	=	MYRRH
YTNUGHA	=	NAUGHTY

Christmas Word Scramble 8

EOLN	=	NOEL
NEIC	=	NICE
OTRENOLPH	=	NORTH POLE
NMRSEATNO	=	ORNAMENTS
NTKCRRUAEC	=	NUTCRACKER
EGKAACP	=	PACKAGE
PNGTAEA	=	PAGEANT
DPGRTREAI	=	PARTRIDGE
APRADE	=	PARADE
NTRPEEMPPI	=	PEPPERMINT
TTPEISIONA	=	POINSETTIA
INPE	=	PINE

Christmas Word Scramble 9

RCPOPON	=	POPCORN
MPCAIOLR	=	PROCLAIM
REIECEV	=	RECEIVE
NEEIDRRE	=	REINDEER
IECJEOR	=	REJOICE
OBBRNI	=	RIBBON
RHLPDUO	=	RUDOLPH
SIOANHCTISNAL	=	SAINT NICHOLAS
SCUTAAASNL	=	SANTA CLAUS
OAVISR	=	SAVIOR
EGOOSCR	=	SCROOGE
CETEARTSASN	=	SECRET SANTA

Christmas Word Scramble 10

ESHPDHRE	=	SHEPHERD
GEELBIHSLSL	=	SLEIGH BELLS
WMSANNO	=	SNOWMAN
TOKIGNSC	=	STOCKING
DESL	=	SLED
NEGSALNWO	=	SNOW ANGEL
USLAUMRPG	=	SUGARPLUM
TAWSREE	=	SWEATER
OYLSMB	=	SYMBOL
EDNSYGETAHKIR	=	THREE KINGS DAY
NSLEIT	=	TINSEL
ISNIDGT	=	TIDINGS

Christmas Word Scramble 11

NITMIYT	=	TINY TIM
SOYT	=	TOYS
AROIITDTN	=	TRADITION
RMNMIITG	=	TRIMMING
OACINATV	=	VACATION
IEXNV	=	VIXEN
AAIWSSL	=	WASSAIL
EOTIDARWEDNNWRLN	=	WINTER WONDERLAND
SWEMENI	=	WISE MEN
OISHRPW	=	WORSHIP
PROOSWKH	=	WORKSHOP
GPRPIEWAARPNP	=	WRAPPING PAPER

Christmas Word Scramble 12

ERAWHT	=	WREATH
ASMX	=	XMAS
ETYIULED	=	YULETIDE
CSRAOELR	=	CAROLERS
YNITTIAV	=	NATIVITY
BME5EDRCE2	=	DECEMBER 25
IPNUDDULMPG	=	PLUM PUDDING
OESGO	=	GOOSE
WBAOLLNS	=	SNOWBALL
LRCASO	=	CAROLS
TFAES	=	FEAST
HUCTNSETS	=	CHESTNUTS

Christmas Word Search 1

```
Y P Q K O Y T B V T S A R N G
B N X L T O E T E S P E R J K
T F A N G E L P D L S G X N N
N K K A G N I K A B I L M L X
E F A G Y Y S S R L L E L Z Z
V Z L M L H Z O Y W O K F E I
D Q D E Z D O G N I S S E L B
A V T H L Z L Q U G E B O P M
A D V E N T C A L E N D A R Q
T F M L W Q O Q L Q P F S D X
O B O H F I W X N R T T Q Y K
T D S T B W O U X M O V L C L
M R B E J B Z M Q O Q C E W F
N S O B L J H C B V A T K K L
Y C W G Q P C H T R I B Q P B
```

Word List

Advent	Belief	Blessing
Advent calendar	Bells	Boot
Angel	Bethlehem	Bow
Baking	Birth	Box

Christmas Word Search 2

```
U T O E E V E G V B F G G V C
M G M Y A L N C E T J E I A H
C Y H E D I S H H U T A S D A
A J Y N L G C C D E X B C L R
N Y A O Y Z Y H W V S B Y R I
D C R Z H V Z A E L S T X Y T
Y A D G N I X O B E P T N Q Y
C I A L L V I L A K R Z V U S
A Y G O Q K S F N G A F X Y T
N V R C E R E M O N I O U S O
E A O D K M W Y R E E H C L B
C S R Y T H G I L E L D N A C
C A O D K J G D J Y H Z T X R
C Q N H V W D W C J Q K I U L
C O M W Q J U C E V Q M R Q Y
```

Word List

Boxing Day
Candle
Candlelight
Candy cane

Card
Carol
Caroling
Ceremonious

Charity
Cheer
Cheerful
Chestnut

Christmas Word Search 3

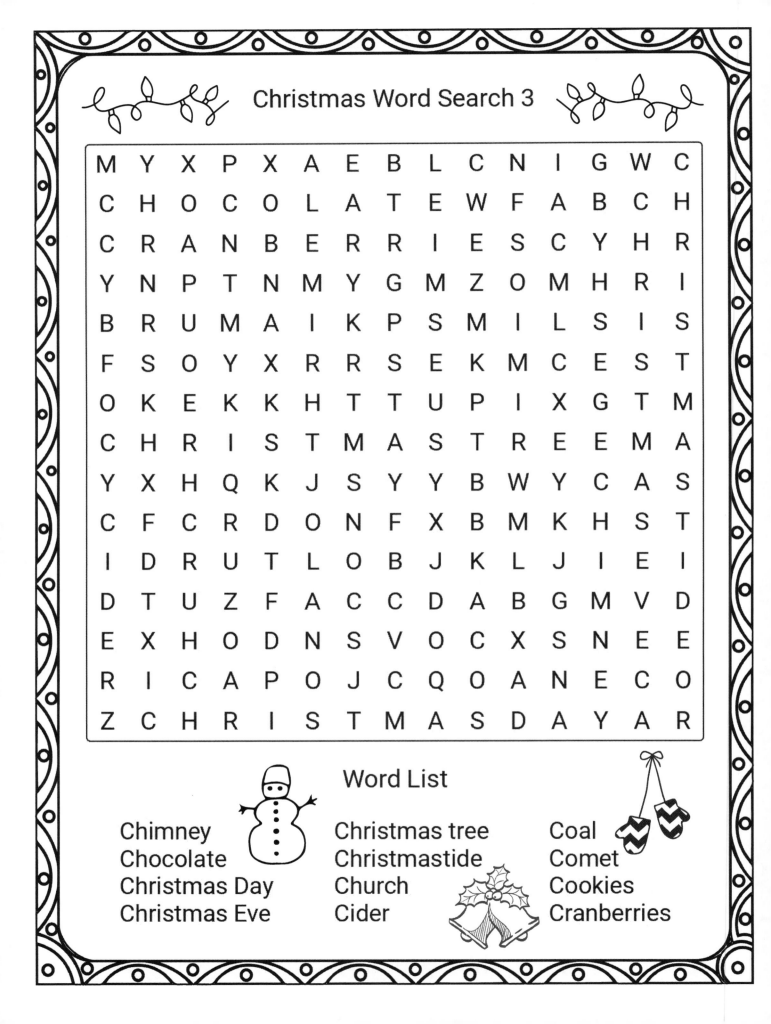

M Y X P X A E B L C N I G W C
C H O C O L A T E W F A B C H
C R A N B E R R I E S C Y H R
Y N P T N M Y G M Z O M H R I
B R U M A I K P S M I L S I S
F S O Y X R R S E K M C E S T
O K E K K H T T U P I X G T M
C H R I S T M A S T R E E M A
Y X H Q K J S Y Y B W Y C A S
C F C R D O N F X B M K H S T
I D R U T L O B J K L J I E I
D T U Z F A C C D A B G M V D
E X H O D N S V O C X S N E E
R I C A P O J C Q O A N E C O
Z C H R I S T M A S D A Y A R

Word List

Chimney
Chocolate
Christmas Day
Christmas Eve

Christmas tree
Christmastide
Church
Cider

Coal
Comet
Cookies
Cranberries

Christmas Word Search 4

```
W R C T R Z M V E K I O M W F
D G E E B Z T T P G W C D L A
M A C X P Z V I E D G G R M T
H X N B C I O V B F F N S D H
L G T C O H P Q P L N E O R E
F J K E E F A H E S Q V M G R
C F X M S R D N A I B E N B C
Q E D M J C O Q G N P R O D H
W S E A U J F U A E Y G B M R
C T C N O G H F H X K R D D I
H I E U A B E E Y U P E P O S
D V M E K L C N L F V E P N T
A E B L R I U Q A G Y N F N M
Z D E C O R A T I O N S C E A
U P R J H B Z V Q V P K O R S
```

Word List

Dancer
December
Decorations
Donner

Eggnog
Elf
Emmanuel
Epiphany

Evergreen
Exchange
Father Christmas
Festive

Christmas Word Search 5

R Y C R T O O G K R F Y I I E
P D I P T N J L D E C R B N N
A G T N T S G A X N I X A N J
P L Z S R F E D A F A V T A E
F O F J A E N T U Q I L V V Q
R R A H Q F E I R U N M R Q F
U I I T C B R D A C W B M A H
I A T F T B O I F C U E Y P G
T D H C A E S N I R F C S U S
C B C B Y H I G A D O J W Q R
A H Y X W C T S N R L S U E C
K A X J M G Y W X Z Y C T A Z
E G N I D D U P Y G G I F Y J
S M P V T E C A L P E R I F T
L E S N E C N I K N A R F M A

Word List

Faith
Figgy pudding
Fir
Fireplace

Frankincense
Frosty
Fruitcake
Garland

Generosity
Glad tidings
Gloria

Christmas Word Search 6

G W T K Q D G B G F S L I X G
Q Y Y U F C H R B P P U U X F
X A A T F W O Y E U L G V M B
J Y D S I I L V N E R U M A E
L H I O D H L Y Y A T N T N J
R Y L R B S Y X C Y O I T G E
P M O F C G M E Y O X G N U R
K N H K E W O M L X P I D G U
H O T C H O C O L A T E B K S
B I L A G Z G T D A A M O E A
S I U J F H C R K W T Q L L L
V T R I V W B S I V I Z X C E
O A O G T F E B O N U L S I M
B V H R J C V J Q V C V L C G
U L O M I W V D J V F H L I A

Word List

Goodwill

Grace

Greetings

Grinch

Holiday

Holly

Hot chocolate

Hymn

Ice skating

Icicle

Jack Frost

Jerusalem

Christmas Word Search 7

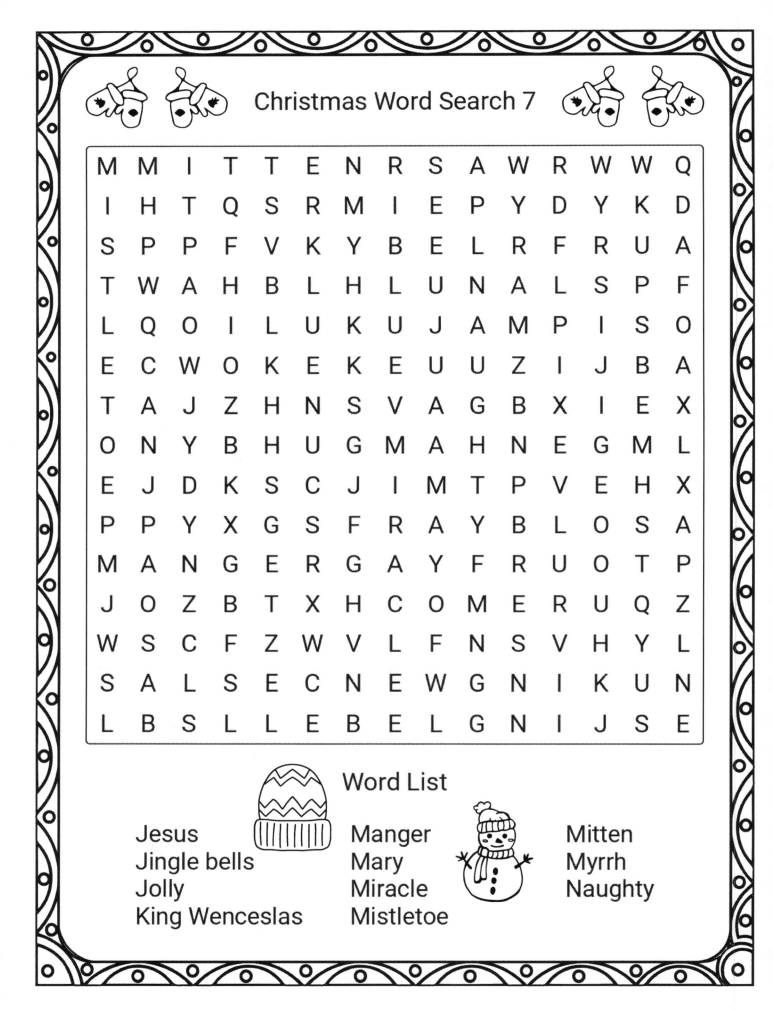

```
M M I T T E N R S A W R W W Q
I H T Q S R M I E P Y D Y K D
S P P F V K Y B E L R F R U A
T W A H B L H L U N A L S P F
L Q O I L U K U J A M P I S O
E C W O K E K E U U Z I J B A
T A J Z H N S V A G B X I E X
O N Y B H U G M A H N E G M L
E J D K S C J I M T P V E H L
P P Y X G S F R A Y B L O S A
M A N G E R G A Y F R U O T P
J O Z B T X H C O M E R U Q Z
W S C F Z W V L F N S V H Y L
S A L S E C N E W G N I K U N
L B S L L E B E L G N I J S E
```

Word List

Jesus

Jingle bells

Jolly

King Wenceslas

Manger

Mary

Miracle

Mistletoe

Mitten

Myrrh

Naughty

Christmas Word Search 8

```
Q  D  K  A  K  L  P  T  W  N  O  W  P  Z  T
W  K  A  Y  H  S  N  A  C  D  R  Y  X  S  N
U  S  S  V  Z  A  V  N  R  C  J  F  F  Z  I
X  R  N  N  E  P  K  M  H  T  D  V  W  E  M
D  S  P  G  I  J  E  E  D  A  R  A  P  Y  R
D  L  A  V  G  C  Q  N  O  U  X  I  S  T  E
L  P  C  H  I  N  E  D  K  L  W  T  D  E  P
A  A  K  N  N  Y  D  E  N  N  C  M  G  P
G  G  A  Q  I  R  B  O  W  E  J  K  K  B  E
V  R  G  P  J  Y  N  R  M  Q  G  F  K  J  P
H  T  E  R  E  K  C  A  R  C  T  U  N  D  S
C  P  D  P  O  I  N  S  E  T  T  I  A  J  D
Y  D  P  Y  U  R  E  K  C  Q  N  I  B  D  C
Z  S  O  T  O  N  O  R  T  H  P  O  L  E  C
C  E  J  L  U  D  E  D  E  G  V  K  X  X  O
```

Word List

Nice
Noel
North Pole
Nutcracker

Ornaments
Package
Pageant
Parade

Partridge
Peppermint
Pine
Poinsettia

Christmas Word Search 9

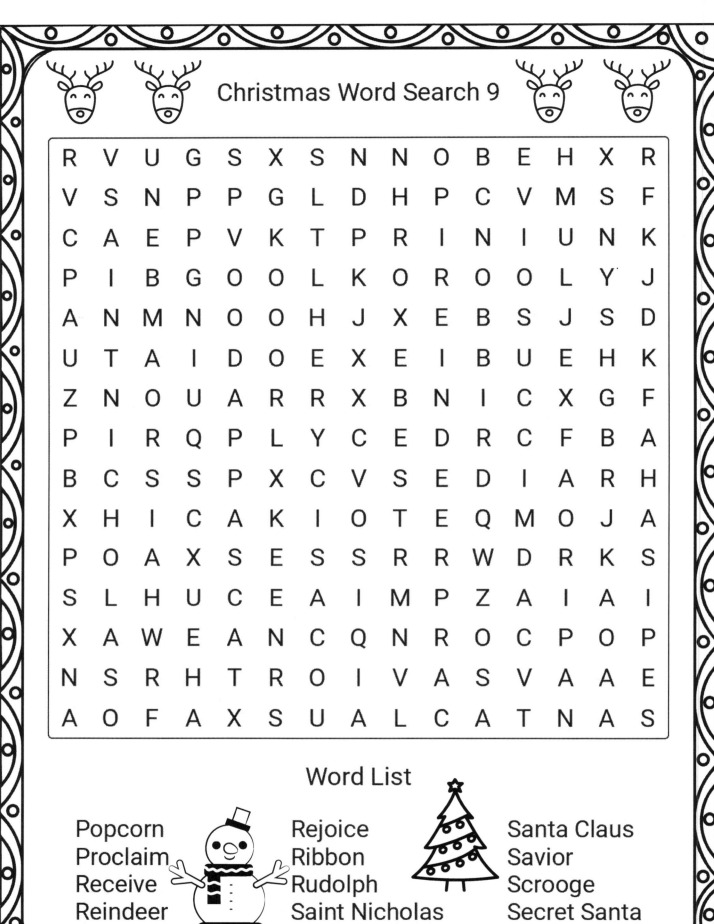

```
R V U G S X S N N O B E H X R
V S N P P G L D H P C V M S F
C A E P V K T P R I N I U N K
P I B G O O L K O R O O L Y J
A N M N O O H J X E B S J S D
U T A I D O E X E I B U E H K
Z N O U A R R X B N I C X G F
P I R Q P L Y C E D R C F B A
B C S S P X C V S E D I A R H
X H I C A K I O T E Q M O J A
P O A X S E S S R R W D R K S
S L H U C E A I M P Z A I A I
X A W E A N C Q N R O C P O P
N S R H T R O I V A S V A A E
A O F A X S U A L C A T N A S
```

Word List

Popcorn
Proclaim
Receive
Reindeer

Rejoice
Ribbon
Rudolph
Saint Nicholas

Santa Claus
Savior
Scrooge
Secret Santa

Christmas Word Search 10

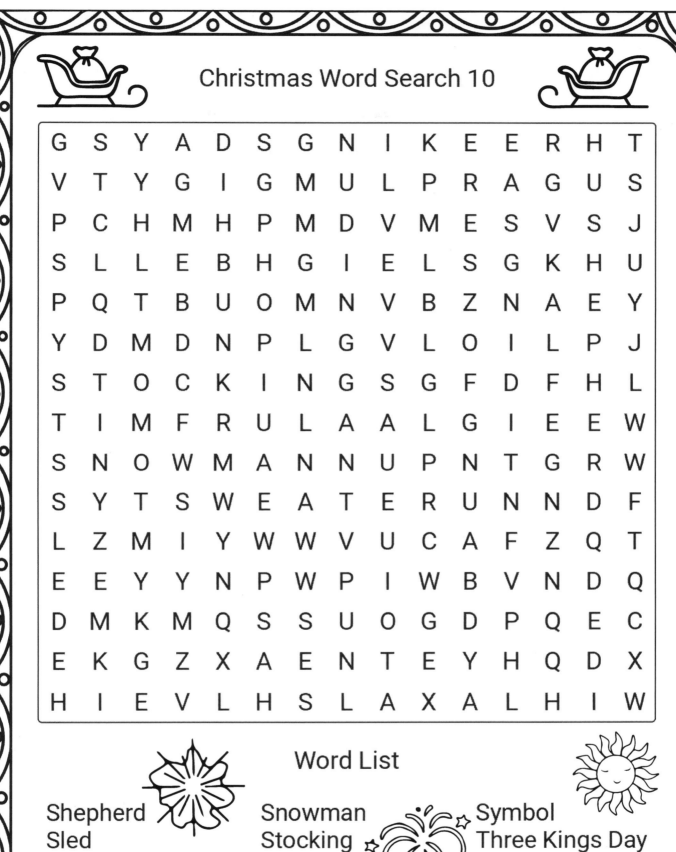

G S Y A D S G N I K E E R H T
V T Y G I G M U L P R A G U S
P C H M H P M D V M E S V S J
S L L E B H G I E L S G K H U
P Q T B U O M N V B Z N A E Y
Y D M D N P L G V L O I L P J
S T O C K I N G S G F D F H L
T I M F R U L A A L G I E E W
S N O W M A N N U P N T G R W
S Y T S W E A T E R U N N D F
L Z M I Y W W V U C A F Z Q T
E E Y Y N P W P I W B V N D Q
D M K M Q S S U O G D P Q E C
E K G Z X A E N T E Y H Q D X
H I E V L H S L A X A L H I W

Word List

Shepherd
Sled
Sleigh bells
Snow angel

Snowman
Stocking
Sugarplum
Sweater

Symbol
Three Kings Day
Tidings
Tinsel

Christmas Word Search 11

```
W O R S H I P D N E M E S I W
T E Q M A M Y O B V P C T C P
C R L U J E I G A V F E W D O
D Z I V C W Z C S E I R R N H
I T E M V G A W Z W A X G V S
F E R S M T Y X A P F F E V K
T I H A I I F Q P S B R I N R
D X T O D G N I V R S K D L O
D R N K O I N G R Q K A F M W
U M B D I G T O U A K G I E K
V Q G S P A C I H B H T E L K
U I D A A O Z I O C Y G T J Z
B J P P I W H Y M N M C G O Z
L E U H N T Z W I B Q P T O C
R G T O Y S D T R A L P Y P Z
```

Word List

Tiny Tim
Toys
Tradition
Trimming

Vacation
Vixen
Wassail
Wise men

Workshop
Worship
Wrapping paper

Christmas Word Search 12

```
S N C Y F N A T I V I T Y J Q
P L U M P U D D I N G X F W L
Z A D Y M D T S A Z A K P E T
C P E G G V V T E S O O G D E
Z F Y D A L M U L A K Z D T R
I L E Q X X R N I E Q P A S W
N N G A F K X T S S P L S R L
Y C F Y S H L S V L E R E L L
U A D G Y T H E E T E A A O Y
L R X M A S T H Q L T B V D G
E O Y I G Y Z C O H W W Q J Y
T L S N E F W R W O Y K P D L
I S K J L T A Y N Y Y M S A I
D A F S Q C G S G K N V L Y B
E D D E C E M B E R 2 5 T E V
```

Word List

Carolers
Carols
Chestnuts
December 25

Feast
Goose
Nativity
Plum pudding

Snowball
Wreath
Xmas
Yuletide

Christmas Word Search 1

Christmas Word Search 2

Christmas Word Search 3

Christmas Word Search 4

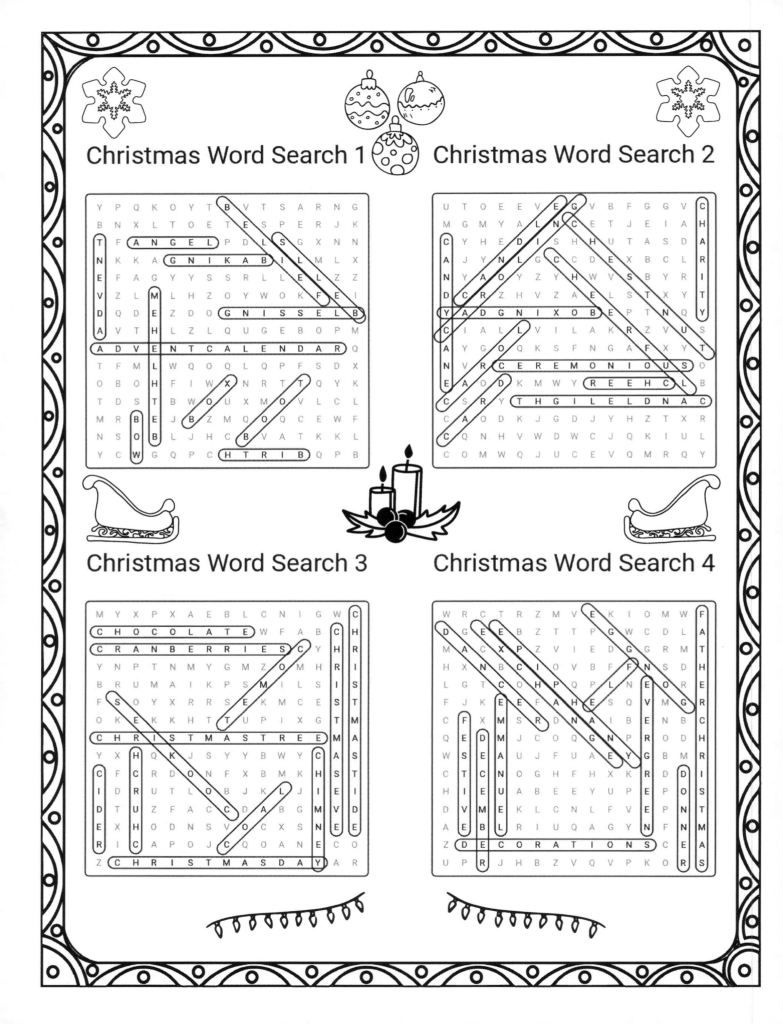

Christmas Word Search 5

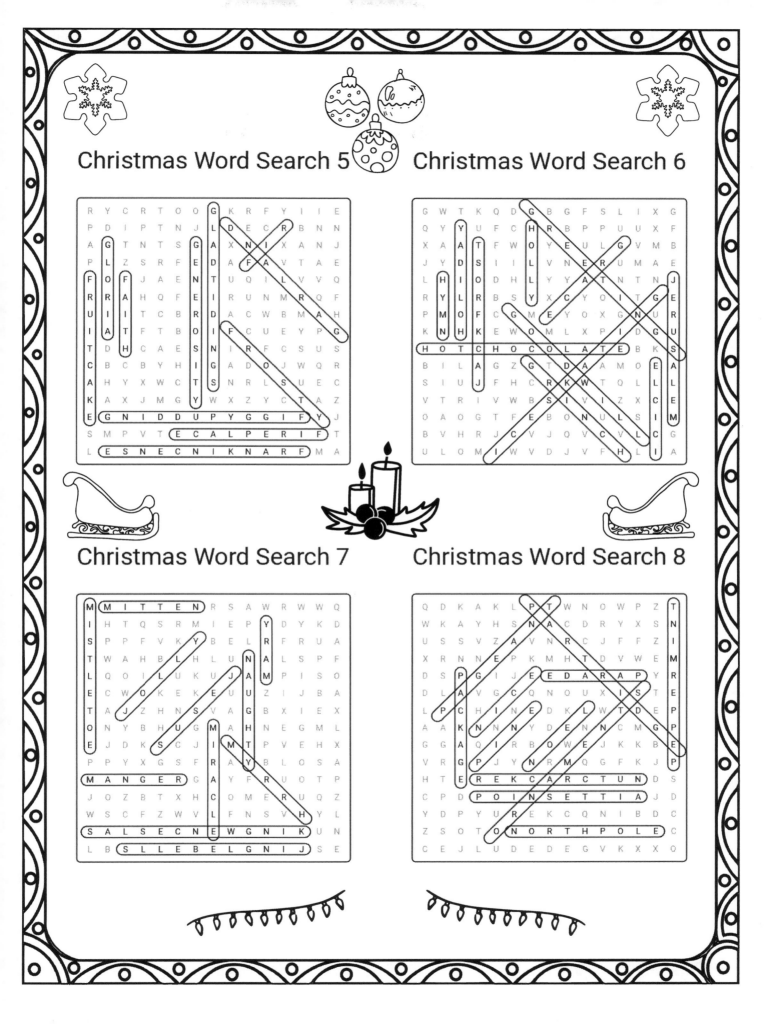

R	Y	C	R	T	O	O	G	K	R	F	Y	I	I	E
P	D	I	P	T	N	J	L	D	E	C	R	B	N	N
A	G	T	N	T	S	G	A	X	N	I	X	A	N	J
P	L	Z	S	R	F	E	D	A	F	A	V	T	A	E
F	O	R	I	J	A	E	T	U	Q	I	L	V	V	Q
R	R	A	F	T	C	B	I	R	U	N	M	R	O	F
U	I	I	A	F	T	B	D	A	C	W	B	M	A	H
I	A	H	C	A	E	S	I	R	E	Y	P	S	U	S
T	D	C	B	Y	H	I	N	A	D	O	J	W	Q	R
C	B	C	H	X	W	C	G	S	N	R	L	S	U	E	C
A	H	A	X	J	M	G	Y	W	X	Z	Y	C	T	A	Z
K	E	G	N	I	D	D	U	P	Y	G	G	I	F	Y	J
E	S	M	P	V	T	E	C	A	L	P	E	R	I	F	T
L	E	S	N	E	C	N	I	K	N	A	R	F	M	A

Christmas Word Search 6

G	W	T	K	Q	D	G	B	G	F	S	L	I	X	G
Q	Y	Y	U	F	C	H	R	B	P	P	U	U	X	F
X	A	A	E	T	F	W	O	Y	E	U	L	G	V	M	B
J	Y	D	I	U	O	L	L	N	E	R	U	M	A	E
R	H	I	S	D	H	L	Y	Y	A	T	N	T	N	J
N	Y	O	R	F	K	G	M	E	Y	O	X	G	N	U	G
H	M	H	K	E	W	O	M	L	X	P	I	D	G	U
H	O	T	C	H	O	C	O	L	A	T	E	B	K	S
B	I	A	G	Z	G	T	D	A	A	M	O	E	L	S
S	I	U	J	F	H	C	R	K	W	T	O	L	C	M
V	T	R	I	V	W	B	S	I	V	I	Z	X	I	G
O	A	O	G	T	F	E	B	O	N	U	L	S	C	A
B	V	H	R	J	C	V	J	Q	V	C	V	L	I
U	L	O	M	I	W	V	D	J	V	F	H	L	I	A

Christmas Word Search 7

M	M	I	T	T	E	N	R	S	A	W	R	W	W	Q
I	H	T	Q	S	R	M	I	E	P	Y	D	Y	K	D
S	P	P	F	V	K	Y	B	E	L	R	F	R	U	A
T	W	A	H	B	L	H	L	U	N	A	L	S	P	F
L	Q	O	I	L	U	K	U	R	A	M	P	I	S	O
E	C	W	O	K	E	K	E	U	U	Z	I	J	B	A
T	A	J	Z	H	N	S	V	A	G	B	X	I	E	X
O	N	Y	B	H	U	G	M	A	H	N	E	G	M	L
E	J	X	K	S	C	J	I	M	T	B	L	O	S	A
P	P	Y	X	G	S	F	R	A	Y	F	R	U	O	T	P
M	A	N	G	E	R	G	A	C	O	M	E	R	U	Q	Z
J	O	Z	B	T	X	H	C	L	F	N	S	V	H	Y	L
S	A	L	S	E	C	N	E	W	G	N	I	K	U	N
L	B	S	L	L	E	B	E	L	G	N	I	J	S	E

Christmas Word Search 8

Q	D	K	A	K	L	P	T	W	N	O	W	P	Z	T
W	K	A	Y	H	S	N	A	C	D	R	Y	X	S	N
U	S	S	V	Z	A	V	N	R	C	J	F	F	Z	I	I
D	S	X	R	N	N	E	P	K	M	H	T	D	V	W	E	M
D	L	A	V	G	C	Q	N	O	U	X	I	S	T	R
L	A	P	C	H	I	N	E	D	K	L	W	T	D	E	E
A	A	C	K	N	N	Y	D	E	N	N	C	M	G	P
G	G	A	A	Q	I	R	B	O	W	E	H	J
V	R	G	E	P	J	N	R	M	Q	G	F	K	J
H	T	E	R	E	K	C	A	R	C	T	U	N	D	S
C	P	D	P	O	I	N	S	E	T	T	I	A	J	D
P	Y	U	R	E	K	C	Q	N	I	B	D	C
Z	S	O	T	O	N	O	R	T	H	P	O	L	E
C	E	J	L	U	D	E	D	E	G	V	K	X	X	O

Christmas Word Search 9

Christmas Word Search 10

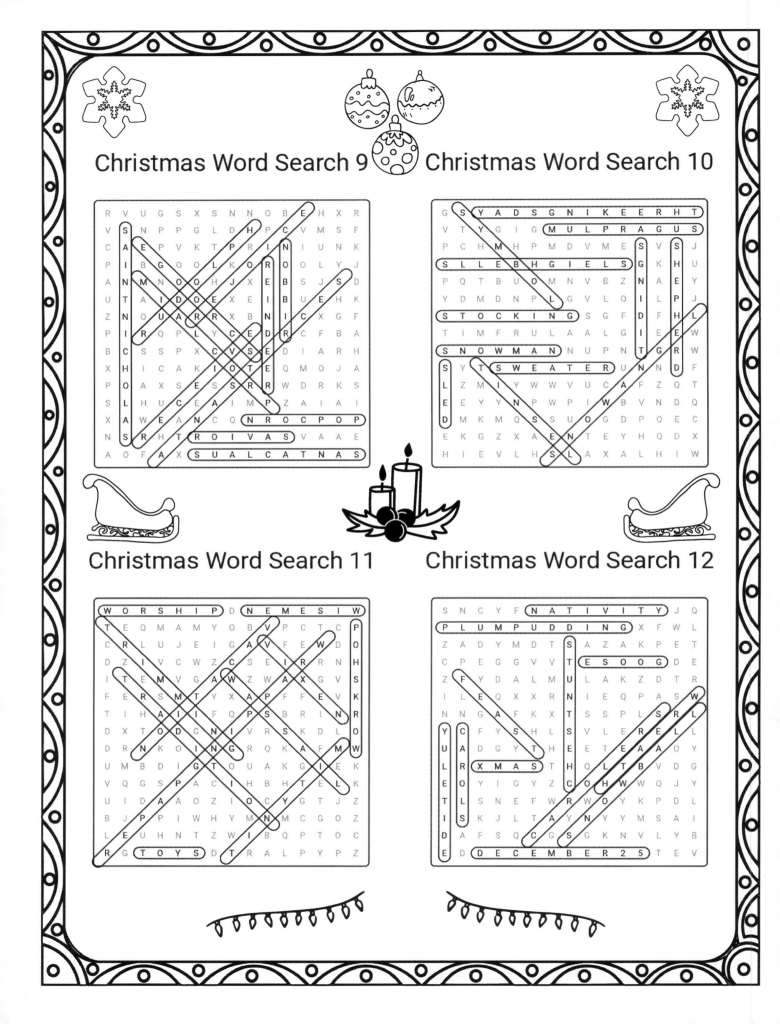

Christmas Word Search 9

```
R V U G S X S N N O B E H X R
V S N P P G L D H P C V M S F
C A E P V K T P R I N I U N K
P I B G O O L K O R O O L Y J
A N M N O O H J X E B S J S D
U T A I D O E X E I N B U E H K
Z I N O U A R R X B N I C X G F
P N R Q P L Y C E D R C F B A
B C S S P X C V S E D I A R H
X H I C A K I O T E Q M O J A
P O A X S E S S R R W D R K S
S L H U C E A I M P Z A I A I
X A W E A N C Q N R O C P O P
N S R H T R O I V A S V A A E
A O F A X S U A L C A T N A S
```

Christmas Word Search 10

```
G S Y A D S G N I K E E R H T
V T Y G I G M U L P R A G U S
P C H M H P M D V M E S V S J
S L L E B H G I E L S G K H U
P Q T B U O M N V B Z N A E Y
Y D M D N P L G V L O I L P J
S T O C K I N G S G F D I F L
T I M F R U L A A L G I E R D
S N O W M A N N U P N T G R W
S Y T S W E A T E R U N N D F
L Z M I Y W W V U C A F Z Q T
E E Y Y N P W P I W B V N D Q
D M K M Q S S U O G D P Q E C
E K G Z X A E N T E Y H Q D X
H I E V L H S L A X A L H I W
```

Christmas Word Search 11

Christmas Word Search 12

Christmas Word Search 11

```
W O R S H I P D N E M E S I W
T E Q M A M Y O B V P C T C P
C R L U J E I G A V F E W D O
D Z I V C W Z C S E I R R N H
I T E M V G A W Z W A X G V S
F E R S M T Y X A P F F E V K
T I H A I I F Q P S B R I N R
D X T O D G N I V R S K D O W
D R N K O I N G R Q K A F M
U M B D I G T O U A K G I E K
V Q G S P A C I H B H T E L K
U I D A A O Z I O C Y G T J Z
B J P P I W H Y M N M C G O Z
L E U H N T Z W I B Q P T O C
R G T O Y S D T R A L P Y P Z
```

Christmas Word Search 12

```
S N C Y F N A T I V I T Y J Q
P L U M P U D D I N G X F W L
Z A D Y M D T S A Z A K P E T
C P E G G V V T U E S O O G D E
Z F Y D A L M U N L A K Z D T R
I L E Q X X R N I E Q P A S W
N N G A F K X T S S P L S R L
Y C F Y S H L S V L E R E L L
U A D G Y T H E E T E A A O Y
L R X M A S T H Q L T B V D G
E O Y I G Y Z C O H W W Q J Y
T L S N E F W R W O Y K P D L
I S K J L T A Y N Y M S A I
D A F S Q C G S G K N V L Y B
E D D E C E M B E R 2 5 T E V
```

Made in United States
Orlando, FL
16 December 2022